Joseph Weber

Unterricht von den Verwahrungsmittel gegen die Gewitter

Joseph Weber

Unterricht von den Verwahrungsmittel gegen die Gewitter

ISBN/EAN: 9783743366459

Hergestellt in Europa, USA, Kanada, Australien, Japan

Cover: Foto ©ninafisch / pixelio.de

Manufactured and distributed by brebook publishing software (www.brebook.com)

Joseph Weber

Unterricht von den Verwahrungsmittel gegen die Gewitter

Unterricht
von den
Verwahrungsmitteln
gegen die
Gewitter
für den
Landmann.
(Im Sokratischen Tone.)

———————

Von
Joseph Weber,
öffentlichem Lehrer der Naturlehre an der hohen Schule zu Dillingen.

———————

1784.
Salzburg in der hochfürstl. Waisenhausbuchhandlung

* * *

Dise Gespräche werden nun auch auf Kösten des Fürstl. Aerariums zu Dillingen gedrukt; und denn wegen ihrer Gemeinnüzlichkeit zur Belehrung in den Hochstiftl. Orten ausgeteilet werden. Wenn dise Art Dialoge nicht im Stande ist, den Trozkopf des von Vorurteilen befangenen gemeinen Mannes zu beugen, so ist kein Mittel mehr übrig, das Gebiet der Vernunft zu erweitern. -- Möchten doch wenigst die Herren Seelsorger sich mit Hilfe diser einleuchtendsten Gründe aus dem Pöbel empor arbeiten!

Vorrede.

Wenn ich jzt als Sokrates unter den Landleuten auftrete, und in der Lehrmethode difes alten Weifen einen Unterricht von den Verwahrungsmitteln gegen die Gewitter erteile; so ist es einleuchtend, das es nicht in der Abficht gefchieht, um neu entdekte Wahrheiten dem Phyfiker aufzufchlieſſen. Weit davon. Mein Bemühen zwekt blos dahin, das allgemeinnüzliche Wahrheiten auch von Unftudirten deutlich erkannt — doch einmal liebgewonnen, und zum Beften fo Viler üblich werden mögen.

Traurig ift's, das man gewiſſe Wahrheiten fo oft, und auf fo mancherlei Weife widerholen mus, bis der Damm der Hinderniffe, die ihrer Ausbreitung im Wege ftehen, niderbricht, und ihnen freier Ausgang in alle Gegenden eröffnet wird.

Aber difes war von jeher das Schikfal der Wahrheit; fie mufte allemal ringen, und ringen, bis fie fich durchfocht, und den Sig gewann. — Und was litt nicht der Mann, der ihr an der Seite ftand, mitrang, ihr kämpfen und figen half? — Nein; nicht der Grieche allein — foff von Schierling — jeder weis difes, der Erfahrung hat, und wiffen will.

Allein

Allein vor diser Scheuche bebt der Weltweise nicht. Gebe es immer Leute, die ihren Wahn vergöttern, und alles, was sie eines Besseren belehren könnte, für Kezerei halten — ähnlich jenen Wahnsüchtigen, die sich ganz vernünftig dünken, und deshalb den Arzt bejammern, das er die Thorheit begehen, und sie kuriren wolle? — Dis hemmt die Zudringlichkeit nicht, womit sie der Philosoph bestürmet. Das Idol „Es war von jeher so,„ fällt über kurz oder lang, und die Gözenpriester der Pedanterei und des Fanatismus, wie lange wohl werden sie noch ihr Glük machen? —

Ungeachtet des vilen Empörens haben endlich die längst entschidenen Wahrheiten: " Das ungestimme Klokengeläute während dem Gewitter ist von schlimmen Folgen: — Die Errichtung der Blizableitungen hingegen ist sichere Wehre gegen die Donnerkeile." Schuz bei den Grossen gefunden: jenes ist abgestellet, und dise werden immer zalreicher veranstaltet.

Indessen fehlt es nicht an Leuten, die sich noch vor disen Neuerungen bekreuzen. — Kein Wunder: sie wähnen weis nicht was Religiöses, und steken in grober Unwissenheit! — Also Unterricht. Diser ist Mittel dafür! — Der gemeine unstudirte Mann hat Verstand, wie der Gelehrte; er fühlt wie diser das Bedürfnis nach Kenntnis, und sehnet sich nach Wissen. Spricht man deshalb ohne vorgegangene Belehrung so im Machttone " weg damit " was Wunder, wenn er sich dawider auflehnet, und Murren erreget?

Nun, denke ich, ist die Absicht meiner kleinen Schrift, und die Veranlassung dazu helle genug dargestellet. Ich werde den Unterricht mit dem Religiössen anfangen, welches beim gemeinen Manne gewisse Verwahrungsmittel gegen das Gewitter an sich haben: denn dahinter verstekt sich der Wahn, und verwahret sich sorgfältig vor dem Lichte, das ihm die Sache darstellen soll, wie sie ist. Alsdenn werde ich die physikalischen Wirkungen der Kloken auf die Gewitter untersuchen; endlich die wahren Verwahrungsmittel dagegen anzeigen: also

Inhalt.

I. Von den geistlichen Wirkungen der Kloken, und anderer geweihten Dinge auf die Gewitter.

II. Von den physischen Wirkungen, vornehmlich der Kloken auf dieselben.

III. Von den ächten Verwahrungsmitteln gegen die Gewitter, von den Blizleitungen u. a. m.

Wer ein wenig Menschen kennet, weis, das rigoröse Beweise und schulgerechte Methode gar nicht für den Unstudirten sind: seinem gesunden schlichten Menschenverstande ist der sokratische Ton weit behaglicher, er klingt wohl in seinem Ohre, und legt ihm die Wahrheit so sanft hin an's Herz. Darum Wahl der Gespräche.

Erstes Gespräch.

Eines Dorfpfarrers mit dem Schulze über das Klokenläuten unter dem Gewitter.

Es ward in der Pfarrkirche zu M* das landesfürstliche Dekret von Abschaffung des Klokengeläutes unter dem Gewitter abgelesen. Gleich nach dem Gottesdienste drangen sich die Gemeinleute aus der Kirchen, um Rath über dise Neuerung zu halten: nächst an der Kirchhofsmauer schlossen sie sich in Kreisen an, und disputirten sich weidlich herum. „Wir werden so unvermerkt lutherisch werden" rief Schulz auf, als eben der Pfarrer im Heimwege aus der Kirche vorbeigieng. Der Pfarrer winkte den Schulz zu sich, und als sie in das Pfarrhaus gekommen, stellten sie mit einander folgendes Gespräch an.

Pfarrer. Warum, Schulz! sorget ihr euch, daß ihr lutherisch werden möchtet?

Schulz. (Erschrak Anfangs — endlich) Ja Hr. Pfarrer, es kommen halt immer so neue Sachen auf, um die unsere Vätter nichts gewusst haben, wie jzt da das Verbot vom Wetterläuten.

Pfarr. Deshalb meint ihr, könnte es wohl noch geschehen, daß wir um den wahren Glauben kämen?

Schulz. Ja: das meine ich: man achtet allmählich nichts mehr, es mag so hoch geweihet sein, als es will, gerade so, wie bei den Lutheranern. Wir werden schöne Sommer kriegen, wenn man den bösen Leuten so Gewalt läst, und das Läuten beim Wetter einstellet!

Pfarr.

Pfarr. Ihr glaubet, wie ich merke, das das Klokenläuten auf das Donnerwetter eine gute Wirkung habe?

Schulz. Freilich.

Pfarr. Saget mir, wie stellet ihr euch dise Wirkung vor; was wirket denn das Läuten?

Schulz. Das Läuten verjagt — die Hexen, Gott behüt' uns davor! und alle Wettermacher.

Pfarr. So stellt ihr es euch vor?

Schulz. Ja, o Herr Pfarrer! Das waren Geschichten, die mein Aehnl noch erzählet hat! Nur eins will ich anführen: da hat einer einmal, als das Wetter nicht fort wollte, etwas Geweihtes in die Flinte geladen, hat in die Wolken hinauf geschossen, und brav — da lag die Hexe.

Pfarr. Dise Geschichte habt ihr geglaubt?

Schulz. Freilich, mein Aehnl ist ein ehrlicher Mann gewest, und er hat's auch von braven Leuten gehört.

Pfarr. Aber sagt mir, was sind denn die Hexen für Dinge?

Schulz. Ah! Herr Pfarrer! Sie müssen dises besser wissen. — Es sind halt böse Leute.

Pfarr. Die bösen Leute machen also die Wetter?

Schulz.

Schulz. Ja.

Pfarr. Die frommen Leute kennens nicht?

Schulz. Nein, der Teufel hilft nur den Bösen.

Pfarr. Zulezt wäre es der Teufel, der die Wetter machet?

Schulz. So wärs, er machts, so bald es die bösen Leute haben wollen.

Pfarr. Wenn nun ein böser Mensch an einem gewissen Sommertage gerne ein Donnerwetter haben will, und Gott will haben, daß kein Donnerwetter sein soll, was wird wohl erfolgen?

Schulz. Wenn Gott kein Wetter will, so wird keins sein; denn er ist allmächtig, es geschieht, was er will. Aber Gott läst es zu, das ein Donnerwetter komme, wenn es die Bösen haben wollen.

Pfarr. Kann wohl Gott etwas zulassen, ohne Ursache, oder ohne Absicht?

Schulz. Nein; denn er ist der Allerweiseste.

Pfarr. Recht; und weil er der allerweiseste ist, so kann er auch nichts zulassen, ausser aus der allerbesten Absicht.

Schulz. So ist's, und wie ich noch aus einer gar tröstlichen Predigt weis, alles nur zum Besten für uns Menschen.

Pfarr.

Pfarr. Wenn aber Gott die Donnerwetter zuliesse, so oft die bösen Leute dieselben gerne wollten, oder so oft sie sich am Schaden ihrer Mitmenschen erfreuen möchten, wäre dises wohl zum Besten der Menschen? — Wäre dises weise? —

Schulz. (stuzte) — Gott kann aber die Donnerwetter zulassen, um die Menschen zu strafen.

Pfarr. Ihr meinet also, das sich Gott im Strafen so hübsch nach dem Willen böser Leute richte, und so oft es disen einfällt, dem Teufel Macht gebe, die ganze Natur zu verkehren?

Schulz. (Schwig.)

Pfarr. Saget mir, zu welchen Jahrszeiten eräugnen sich die Donnergewitter?

Schulz. Im kalten Winter denke ich kein Wetter, im Frühling und Herbste weis ich wenige; aber im Sommer bei der Hize sind die meisten Wetter.

Pfarr. Die bösen Leute müssen also im Winter ganz fromm sein, das sie die Welt nicht mit Bliz und Donner erschreken wollen?

Schulz. Sie scherzen mit mir, Herr Pfarrer?

Pfarr. Schaut, Schulz! der weise vorsichtige Schöpfer hat dem Donnergewitter, so wie dem Schnee und dem Regen seine Zeit angewisen, und dises zu unserm Besten. Wären keine Donnerwetter, so würde aus disem Abgange vil Uibles entspringen. Der Donnernerregen ist vil fruchtbarer, als der gemeine; von ihm wird allemal die heisse Luft abgekühlt, und gereinigt, daß wir noch so gut und noch so gesund athmen, und wider unsere Kräfte erholen können: und schadet schon bisweilen ein Donnerwetter etlichen Oertern, so nützen sie doch im Ganzen genommen unvergleichlich mehr. Mein lieber Schulz! bei allen Erscheinungen der Natur leuchtet Güte und Weisheit Gottes hervor. Wenn ihr alsdenn dieselben dem Teufel zueignet, meinet ihr wohl, daß dises dem Schöpfer gefallen werde?

Schulz. Auf dise Weise freilich nicht. Aber Hr. Pfarrer! ich habe dises nie so auslegen gehört. Die Donnerwetter sind auf die Art etwas gutes, und kommen von Gott her?

Pfarr. Allerdings. Die ganze Welt ist von unserm lieben Schöpfer sehr weislich zu unserm Besten eingerichtet; alle Aenderungen und Begebenheiten eräugnen sich nach der Ordnung, welche er ihnen angewisen, sie folgen auf das genaueste seinem Wink; nichts kann sie aufhalten. Er allein, der Allmächtige kann damit eine Aenderung vornehmen, und sonst niemand, sei er Engel oder Teufel.

Schulz. Es wäre also das Wetterläuten nicht wider die bösen Leute?

Pfarr. Nichts minder.

Schulz. Warum weiht man aber die Kloken gegen das Wetter?

Pfarr. Ich will's euch lehren; aber sagt mir vorher, was heisst weihen?

Schulz. Weihen? — Ha! was geweiht ist, das ist heilig, und davor flieht der Teufel und sein Anhang.

Pfarr. Ich sehe, das ihr ganz irrig von den geweihten Dingen denket. Schaut Weihen heisst segnen, oder Gutes von Gott erbitten. So weiht und segnet der Priester zu Ostern eure Schinken, er bittet Gott, das ihr dise seine Gabe mässig, und mit fröllichem Danke geniesset, und das euch das Fleischspeisen, welches ihr wider anfanget, zur eurer Gesundheit gedeihen möge. *)

Schulz. So: das ist weihen?

Pfarr. Ja die Weihung ist ein Gebeth, das der Geistliche für das Volk verrichtet.

Schulz. Und mit der Klokenweihe wäre es auch so?

Pfarr. Nichts anders. Wenn der Bischof die Kloken weihet, so verrichtet er unter gewissen Cerimonien Gebethe, das Gott beim Schall der Kloke den Glauben in den Gemüthern der Christen erweken, den Feind alles Guten vertreiben, Hagel, Bliz, Sturmwinde, und die Gewalt der Luft abwenden wölle, und dahin zilen auch die Cerimonien.

Schulz. Ist's so? Aber, wenn der Bischof die Kloken auf dise Art einweiht, so sollen sie dennoch eine Kraft gegen die Wetter haben?

Pfarr. Die Klokenweihe ist in der Hauptsache ein Gebeth: es kömmt also auf Gott an, ob er dises

Ge-

---

*) Nun ist auch dises Weihen in dem Salzburgischen, und den Oesterreichischen Staten weislich verboten worden.

Gebeth nach dem Plane seiner weisen Fürsehung erhören will oder nicht.

Schulz. Die Kloken sind halt doch wegen dem Hagel und Bliz, und wegen Sturmwinden geweiht: die Kloken müssen doch eine Kraft kriegen.

Pfarr. Keine andere, als die Kraft des Gebethes. Schaut, eure Schinken werden zu Ostern auch wegen eurer leiblichen Gesundheit geweiht: meinet ihr, das ihr nimmer krank werdet, wenn ihr am Ostertage fleissig Schinken esset?

Schulz. Das nicht.

Pfarr. Aber die Schinken werden doch wegen eurer Gesundheit geweiht: es müssen deshalb die Schinken doch eine Kraft kriegen?

Schulz. (Stand an.)

Pfarr. Sehet, die Schinken haben keine andere Kraft, als die Kraft des Gebethes, das der Priester im Namen der heiligen Kirche entrichtet: und eben so ist es mit den Kloken.

Schulz. Auf dise Weise soll doch das Läuten bei dem Gewitter nicht vergebens sein.

Pfarr. Keineswegs; das christliche Volk wird durch den Schall der Kloke zum Gebethe ermahnet, und Gott wird gleichsam erinnert an das Gebeth des Bischofs, welches er bei der Klokenweihe verrichtet hat, damit der Glaube der Christen durch ihn erweket, und

und auf ihren Glauben und ihr Gebeth aller Schade abgewendet werde.

Schulz. Aber, Herr Pfarrer! so sollte man doch das Wetterläuten nicht abstellen.

Pfarr. Man stellet das Läuten nicht völlig ab; weit davon! Der Landesfürst will, das man beim Herannahen eines Donnerwetters das Volk zum Gebethe aufrufe; aber nachher soll man einhalten, damit der Bliz, der gerne in die hohen Gebäude, als wie die Türmer sind, fährt, niemanden todt schlage. Das ist ja recht gut gemeint, Schulz! Wir sollen uns ja freuen, das wir einen so guten Landesherrn haben, der für den mindesten seiner Unterthanen, so wie ein Vater für seine Kinder sorget!

Schulz. Auf dise Weise schon. Aber unser einer überlegt dises nicht so.

Pfarr. Also merket euchs, Schulz! und wenn ihr andere Leute in der Gemeine wider das Landesherrliche Verbot murren höret, so belehret sie, und nehmet ihnen ihren Wahn. Ihr habt Verdienst vor Gott, und Ehre vor der Welt.

Zweites Gespräch

zwischen dem Dorfpfarrer, und dem Schulze über den Wettersegen, die Gewitterscheibe, und das Loretoklöklein.

Den folgenden Sonntag kam Schulz wider in das Pfarrhaus, pochte an der Zimmertüre des Pfarrers, und als er auf das Herein in das Zimmer trat, gab er's zu verstehen, das er bestürzt wäre.

Pfarrer. Wo fehlt's Schulz?

Schulz. O Herr Pfarrer! mir gieng's neulich am vergangenen Sonntage, als ich von Ihnen weg und am Abend bei der Kameradschaft war!

Pfarr. Nu': so erzälet.

Schulz. Ich will. So am Abend kamen wir etliche aus der Gemeinde beim Wirt zusammen, und sezten uns ganz fröhlich hin miteinander an den Tisch; aber kaum hatten wir uns recht um unsre Maß Bier herumgesezet, so gieng's gleich an wegen Abschaffung des Wetterläutens. Ich habe gesagt: das Verbot ist recht. Die übrigen sagten: es ist nicht recht; und so stritten wir. Ich habe alsdenn alles ausgeleget, wie Sie mir's gerade vorher ausgeleget hatten; und wenn ich etwas nicht recht mehr gewusst hatte, da sagte ich, der Herr Pfarrer hat's gesagt, das das Verbot recht, und gut seie; und da waren wir zulezt miteinander ganz eins. Aber da wir eben auseinander, und heim vollten, so kam der Jörgbauer fuxwild daher, weil

man

man das Wetterläuten eingestellet. Ich habe ihm alles, was er dagegen sagte, aufgelöset; aber da kam er endlich mit dem Wettersegen, mit der Wetterscheibe, und mit dem Loretoklöklein daher, und erzälte so vil Wunder davon, das ich schweigen muste.

Pfarr. Ihr habt eure Sache recht brav gemacht, lieber Schulz! weil ihr die übrigen Männer zur Ruhe gebracht, und ihnen die rechten Vorstellungen vom landesherrlichen Verbote beigebracht habt. Dises machet euch recht vil Ehre, und ich wette, ihr krieget ein Lob, wenn's zur Regirung kömmt. Aber der Wettersegen, die Gewitterscheibe, und das Loretoklöklein machen euch irre?

Schulz. Ja, Herr Pfarrer! — Meine Antwort war halt: über dise Dinge will ich zuerst mit dem Hn. Pfarrer reden; alsdenn werde ich schon Red und Antwort geben; und jzt bitte ich, Hr. Pfarrer! das Sie mir darüber eine Auslegung machen.

Pfarr. Nun dises ist jzt wider recht brav, das ihr in mich so vil Zutrauen sezet. Ihr seit mir recht wert, lieber Schulz! Saget mir jzt nur eure Zweifel, die ihr bei euerm Disput gekriegt habt.

Schulz. Herr Pfarrer, ich denke halt noch immer, das es mit den Wettern nicht gar so natürlich hergeht.

Pfarr. Schulz, saget mir redlich heraus, was ihr denket.

Schulz. Man würde wohl die Wetter nie gesegnet haben, wenn sie natürlich wären, denke ich.

Pfarr. Warum, Schulz, meinet ihr das?

Schulz. Ha! man segnet sich halt vor dem Teufel, und den Unholden.

Pfarr. Ihr meinet also, der Segen müsse den Teufel, und seinen Anhang vertreiben?

Schulz. Ja, ja! —

Pfarr. Mein guter Schulz, ihr seit nicht gar recht daran. Schaut, Segnen heisset nicht mehr als Weihen. Weihen und segnen ist einerlei. Wisset ihr noch, was Weihen sagen will?

Schulz. Weihen heisset so vil, als Gutes von Gott erbitten.

Pfarr. Gut: Segnen heisset auch Gutes von Gott erbitten. Also segne ich euch, wenn ich Gott bitte, das er euch seinen Beistand und seine Gnade schenken, euch von allen feindlichen Nachstellungen bewahren, und es euch in Allem gut werden lasse. Der Segen ist daher, wie die Weihung, ein Gebeth, das der Priester für das Volk entrichtet.

Schulz. Ist's so? Und mit dem Wettersegen wär's auch nicht anders?

Pfarr. Nicht anders. " Der Priester segnet das Wetter, heist sovil: der Priester bethet, das Gott die Felder vor Schauer bewahren; und von allem Unserigen Donnerkeile, Wolkenbrüche, Sturmwinde, und anderlei Uibel abwenden wölle.

Schulz.

Schulz. Aber, Hr. Pfarrer, wenn's so ist, warum kann denn ein Geistlicher mit dem Wettersegnen besser umgehen, als der andere?

Pfarr. Einer besser als der andere? — Die Gebethe, welche die Kirche vorschreibet, und die Handlung, welche dabei verordnet ist, werden hoffentlich alle Geistliche gleich gut verrichten können. Weil aber Segnen bethen heist, so ist es ganz natürlich, daß jener Geistliche besser segnet, welcher besser bethet, das heist, aus frömmerem Herzen, mit mehr Glauben, mit mehr Geist und Andacht bethet.

Schulz. Nicht so, Hr. Pfarrer; es gibt Geistliche, will ich sagen, die das Wetter hinbenediziren können, wohin sie wollen.

Pfarr. Solche Geistliche gibt es?

Schulz. Ich hab's so erzälen gehört. Zu F** hieß es oft, da ist ein Herr, der kann's mit dem Hochgewitter; nur schaffen darf er, und die Wetter fliehen davon.

Pfarr. Dises habt ihr erzälen gehört? — Aber höret einmal; man hat ja euch auch erzälet, das die bösen Leute die Wetter machen?

Schulz. Dises ist wahr.

Pfarr. Glaubet ihr dises?

Schulz. Izt nicht mehr.

B   Pfarr.

Pfarr. Warum denn itzt nicht mehr?

Schulz. Weil Sie mich belehret, daß die Donnerwetter etwas gar gutes sind; daß sie wie Regen und Schnee Nuzen bringen; daß in der Welt nur der göttliche Schöpfer nach Gutbefinden eine Aenderung vornehmen kann, und sonst Niemand, seie er Engel oder Teufel.

Pfarr. Das habt ihr gut gemerket. Aber ihr glaubet doch, das ein Geistlicher die Blize und das Wetter abweisen, und hinschiken kann, wohin er will?

Schulz. Freilich so.

Pfarr. Wenn also ein Wetter vom Schöpfer die Anweisung hat über F** hinzuziehen, so meinet ihr der Geistliche zu F** könne es ableiten, wohin er nur will?

Schulz. Ja.

Pfarr. Der Geistliche kann also den Lauf des Gewitters inne halten, ihm einen anderen geben, und mithin mit dem Hochgewitter eine beliebige Aenderung machen?

Schulz. (besann sich)

Pfarr. Schaut, vorher sagtet ihr, Gott allein könne mit dem Donnerwetter, und den natürlichen Begebenheiten eine beliebige Aenderung treffen, und jzt seit ihr geneigt, dem Geistlichen zu F** die nemliche Kraft zu geben, die Gott allein zukömmt, nemlich die
Kraft

Kraft, die Gewitter nach Gutbefinden zu führen, und zu leiten.

Schulz. (Schwig)

Pfarr. Gefehlt, Schulz: der Geistliche kann nur bethen, als ordentlicher Priester im Namen der Kirche bethen, und es alsdenn der Weisheit und Fürsehung Gottes überlassen, ob sein Gebeth Erhörung verdiene oder nicht.

Schulz. So, so, so.

Pfarr. Seht nun, Schulz, wie alles so gerade, und natürlich hergeht in der Welt, wenn wir nur das Gerade und Natürliche bemerken möchten; aber so sind die Menschen, sie vermuten gar so gerne, was ausserordentlich, abentheuerlich, und wunderbar ist. Und dises ist halt gar nicht recht, Schulz! denn darüber vergessen die Leute der Wohlthaten Gottes, und seiner Liebe gegen uns. Daher kömmt's alsdenn, das sie dem guten Himmelsvatter den Dank und die Ehre nicht geben, die ihm gebühret, und die er von ihnen, als seinen Kindern, erwartet, und — das wir in Unglüksfällen, die unser Herr Gott zu unserer Besserung und Reinigung über uns schiket, Ihm das kindliche Vertrauen nicht schenken, welches doch das Einzige ist, was uns in betrübten Umständen trösten, und unser Leben versüssen kann.

Schulz. Ist wahr, Hr. Pfarrer: ich habe mein Lebtag Gott nie für's Donnerwetter gedankt, und ist so was Gutes, wie Sie sagen. Will's aber in Zukunft thun.

Pfarr.

Pfarr. Nu, das ist recht. Izt wollen wir zur Wetterscheibe, von welcher der Jörgbauer, wie ihr saget, so vil Wesens gemacht hat. Wisset ihr, was eine Wetterscheibe ist?

Schulz. Es ist etwas hochgeweihtes, denke ich: gesehen habe ich noch keine.

Pfarr. Schauet, eine Gewitterscheibe ist eine runde Kapsel: darein werden Bildlein aus Wax und Erde, Lukaszedelchen, Reliquien, und so ein Allerlei hineingethan; alsdenn werden dise Dinge geweihet, und darüber her ein Glas gemacht, und so hat die Kapsel das Ansehen wie eine Scheibe, und heist Wetterscheibe.

Schulz. So, das ist eine Wetterscheibe!

Pfarr. Ja das ist sie. Was hat euch denn der Jörgbauer davon erzälet?

Schulz. Er sagte, das es nicht einschlage, wo so eine Scheibe am Hause hängt.

Pfarr. Habt ihr's gleich so geglaubt?

Schulz. Ha! — Ich habe gedacht, sie müsse hoch, hoch geweihet sein.

Pfarr. So! — Und wer meinet ihr, das sie geweihet habe?

Schulz. Ich meine, der Quardian, oder gar der Provinzial.

Pfarr. Und wer meinet ihr, könne höher weihen ein Bischof, oder ein Provinzial, der nur ein gemeiner Priester ist?

Schulz. Schäze wohl — der Bischof.

Pfarr. Wer weihet die Kloken?

Schulz. Der Bischof.

Pfarr. Die Kloken müsten daher höher geweihet sein, als die Wetterscheibe?

Schulz. Ja.

Pfarr. Und dennoch ist der Blitz so kek, und schiesset auf die Türmer, worin die Kloken hangen!

Schulz. — — Sie treiben den Spaß mit mir Herr Pfarrer.

Pfarr. Im Ernste, Schulz! was meinet denn izt ihr, zu was die Gewitterscheiben taugen?

Schulz. Sie taugen halt zum Wettervertreiben und wider die bösen Leute!

Pfarr. Wenn aber die bösen Leute mit dem Wetter nichts treiben können, und selbst der Teufel nach Willkür damit nichts machen kann, zu was taugen die Wetterscheiben hernach?

Schulz. (Wurde nachdenkend) — Aber die Kapuziner haben doch dem Jörgbauer die Gewitters[cheibe] etwas Geweihtes gegeben.

Pfarr. Das laſſe ich wohl gelten; ſaget mir aber, was haben denn die geweihten Sachen für eine Kraft gegen die Gewitter?

Schulz. Keine andere, als die Kraft des Gebethes, welches bei der Weihe verrichtet wird.

Pfarr. Recht. Alſo hat die Gewitterſcheibe keine gröſſere Kraft, als etwa der Wetterſegen; denn diſer hat die Kraft des Gebethes, welches der Prieſter beim Segen verrichtet?

Schulz. So wär's.

Pfarr. Es vermag alſo eine Wetterſcheibe nicht mehr, als der Segen, den ich im Sommer alle Morgen nach der heil. Meſſe über euer Haus und eure Felder ſpreche.

Schulz. Auf die Weiſe, ja.

Pfarr. Der Jörgbauer trauet alſo der Wetterſcheibe mehr Kraft zu, als ſie wirklich hat?

Schulz. So ſchon.

Pfarr. Wiſſet ihr noch, wie man das Ding heiſſet, wenn man einer Sache eine Kraft zueignet, die ſie nicht hat?

Schulz. Meinen ſie den Aberglauben?

Pfarr. Diſen meine ich; denn ſehet, dis iſt wirklich abergläubiſch, wenn man dafür hält, das derlei geweihte Sachen eine besondere Kraft gegen die Gewitter haben; denn dise haben sie einmal nicht.

Schulz. Mit dem Loretoklöklein wird's gewiß auch nicht vil anders sein?

Pfarr. Was wisset ihr denn davon?

Schulz. Das es nicht einschlage, so weit umher der Schall reicht — beim Läuten dises Klökleins.

Pfarr. Dises ist eine herrliche Kraft, Schulz! Aber woher kriegt denn das Klöklein eine solche Kraft?

Schulz. Dasselbe ist zu Loreto so hoch geweiht worden.

Pfarr. Schon wider hoch geweihet! — Was dunkt euch, Schulz! kann man zu Loreto im Wälschlande höher weihen, als da heraussen bei uns Teutschen?

Schulz. (nahm Anstand.)

Pfarr. Wisset ihr noch, was es sagen will, eine Kloke weihen?

Schulz. eine Kloke weihen, heißt bethen, das Gott beim Schalle der Kloken den Glauben in unsern Herzen erweken, den Feind alles Guten abhalten, und Bliz und Hagel von uns wegwenden wölle.

Pfarr. Recht. Kriegt aber die Kloke mehr Kraft, wenn dises Gebeth zu Loreto, als wenn es da heraussen bei uns verrichtet wird?

Schulz

Schulz. (Schwig stille.)

Pfarr. Mein lieber Schulz! Gott hat seine Hilfe weder an Einen Ort, noch an Eine Zeit angeheftet. Wo wir immer, und wenn wir immer im Glauben bethen, und nicht zweifeln; im Geiste, und in der Wahrheit bethen, so wird uns geholfen werden. Also lehrte es uns Jesus Christus selbst.

Schulz. Itzt verstehe ich's. Das Loretoklöklein, und die Wetterscheibe haben weiter keine besondere Kraft auf die Gewitter; und wenn Sie, Herr Pfarrer! das Wetter segnen, so ist Ihr Segen für mich, und für alle im Dorfe so vil, als eine Wetterscheibe; und wenn unsere Pfarrkloke zum Gebethe angezogen wird, so ist's so gut, als das Geklingel mit dem Loretoklöklein.

Pfarr. Zum Wenigsten eben so vil, und eben so gut. Nur den geweihten Dingen nicht mehr Kraft beigelegt, als sie haben, sonst verfällt man ins Aberglaubische. Mein Schulz! die besten geistlichen Verwahrungsmittel gegen die Gewitter, und andere natürliche Uebel sind eifriges, glaubvolles und zweifelloses Gebeth, Reue über unsere Sünden und Herzensbesserung. Dise sind die rechten Gewitteramulete. Darob erschrikt der Teufel, und Gott im Himmel hat Freude darüber. — — (Hier klopfte der Hr. Obervogt vom Orte an der Türe. Nach dem Komplimente, das sich der Hr. Pfarrer, und der Hr. Beamte einander gemacht haben, und nachdem dem Schulze die Erlaubnis dazubleiben gegeben worden, wurde das Gespräch also fortgesezet.

Drittes Gespräch.

Zwischen dem Pfarrer, dem Beamten, und dem Schulze über die physische Wirkung des Klokengeläutes auf das Gewitter.

Pfarr. Eben hatte ich Vieles zu reden mit unserm Schulze wegen dem Verbote des Läutens unter dem Wetter. Das Loretoklöklein und die Wetterscheibe haben ihn irre gemacht!

Schulz. (Stand nahe an der Türe, und lächelte.)

Obervogt. Herr Pfarrer! mir ist's leicht, daß ich mich über die Vorurteile des Pöbels wegseze; aber davon kann ich mich einmal nicht überzeugen, das das Geläute der Kloken keinen physischen Nuzen haben solle.

Pfarr. Wenn es Ihnen beliebet, Hr. Obervogt! so wollen wir hierüber eine kleine Untersuchung anstellen, und Ihre Gründe für die Nüzlichkeit des Geläutes erwägen und prüfen.

Obervogt. Ganz gerne. — Erstens mein' ich, das das Läuten nicht schaden könne; und zum andern ahndet's mich vom grossen Nuzen desselben.

Pfarr. Was haben Sie für einen Grund der Unschädlichkeit vom Läuten während dem Gewitter?

Obervogt. Ich nehme es als ausgemacht an, das die Blizmaterie mit jener der elektrischen von einerlei Natur seie, und mithin, das das Metall die Blizmaterie

terie eben so stark als sonst die elektrische Materie anziehe: ich räume also ein, das die Kloken die Blizmaterie an sich loken; aber dise Anlokung mus ja immer gleich stark sein, ob die Kloken in Ruhe hängen, oder sich hin und her bewegen.

Pfarr. Sie sind nicht ganz unrecht daran. Würde ich aus disem Grunde meine Behauptung des Schädlichen herleiten, so würde unsre freundschaftliche Unterredung gar zu schulgelehrt werden, und auf dise Unterredungen, wie Sie wissen, haben wir gegenseitige Verzicht gethan. Eine ganz andere, allgemein verständliche, Ursache spricht wider das Läuten.

Obervogt. Und welche?

Pfarr. Wenn man zeigt, das Wetterläuten hätte keinen Nuzen, so ist die Schädlichkeit schon erwisen.

Obervogt. Hr. Pfarrer! damit haben Sie mir auf einmal zu vil gesagt; ich bitte Sie um Erläuterung.

Pfarr. Mit Freuden. Nicht wahr, von jeher hatte es die Erfahrung gelehret, das es gerne in die Türmer schlägt?

Obervogt. Ja, schon hundert Klökler haben darin das Leben eingebüsset.

Pfarr. Nu recht; ist aber dises nicht schon Schade genug, wenn jährlich etliche unserer Mitmenschen, die unter dem Wetter läuten, vom Donner erschlagen werden?

Obervogt. Allerdings. — Ich verstehe Sie, und mich dünkt, das es selbst der Schulz verstanden habe, so einleuchtend ist der Beweis. Schulz! sagt mir's, warum schadet das Läuten während dem Wetter?

Schulz. Gestrenger Herr! die Blize fahren gerne in die Türmer, und da büssen vile Leute ihr Leben ein.

Obervogt. Brav Schulz! Aber schaut: aufm Meere büssen auch vile Leute das Leben ein, und dennoch sind die Schiffe, und das Ubermeerfahren etwas Gutes: so kann's ja mit dem Läuten auch sein beim Wetter?

Schulz. (Wurde nachdenkend.).

Pfarr. Schulz, sehet, die Schiffe, und das Ubermeerfahren bringt gar grossen und vilen Nuzen, der den Schaden unvergleichlich übertrift. Das Läuten unter dem Wetter nüzet aber nichts.

Obervogt. Aber eben dises ist, was mir gar zweifelhaft vorkömmt; ich halte dafür, das Läuten nüze auch das Seinige.

Pfarr. Worauf gründet sich Ihre Vermutung?

Obervogt. Darauf. Ich weis noch aus meiner Physik, die ich ehemals studirt habe, das der Schall der Kloke eine Art Wellen in der Luft errege, und die ganze luftige Masse in Bewegung seze. Nun, denke ich, sollte ja das Geläut nach dem Verhältnisse

der

der Zahl, und Grösse der Kloken, und der Andauer des Läutens auf die Donnerwolken wirken, und dieselben zerstreuen.

Pfarr. Mithin sollte nach diser Vermutung das starke und lange Läuten sehr gut, und desto besser sein, je stärker und je länger geläutet würde?

Obervogt. Nicht anders.

Pfarr. Allein wenn's auch seine Richtigkeit hat, das durch den Schall der Kloke die Luft in einen Zustand zitternder Bewegung geseztet wird: so zittern ja nur die ganz kleinen Luftteilchen, ohne das deshalb eine ganze Luftmasse ihren Ort oder ihre Lage ändert.

Obervogt. Ich meine, es müste gerade das Gegenteil folgen; denn alle Teile der Luftgegend zittern während des Schalles, und laufen deshalb in Schwingungen aus: mithin sollte ja die ganze Luftmasse eine Aenderung leiden: die Wolken sollten sich zerteilen, und das Gewitter geschwächet, oder völlig weggeschafft werden.

Pfarr. Herr Obervogt! Sie sind nicht recht daran, das ich's mit ihrer Erlaubnis sage. Eine kleine Vergleichung mag der Wahrheit ein Licht geben. Sie wissen aus der Physik, das auch der Schall der Kloke nur durch das Zittern der kleinen Klokenteilchen kann gedacht werden?

Obervogt. Ja.

Pfarr.

Pfarr. Wenn ich demnach auf die Kloke mit einem Hammer hinschlage, so zittern die kleinern Teile der Kloken, und laufen in Schwingungen aus?

Obervogt. Ja.

Pfarr. Bemerket man aber eine merkliche Bewegung der ganzen Klokenmaſſe, während das ſich ihre kleinen Teile ſchwingen?

Obervogt. Hm! ich begreife es: es können die kleineren Teile Schwingungen machen, ohne das die ganze Maſſe des ſchallenden Körpers ihren Ort ändere, und eine merkliche Bewegung leide.

Pfarr. Ja, ſo.

Obervogt. Es kann aber mit der Luft eine andere Beſchaffenheit haben; denn die Luft iſt kein feſter, ſondern ein flüſſiger Körper.

Pfarr. Hierin ſind Kloken, und Luft ſich gleich, das ſich die kleineren Teile ſchwingen können, ohne das deshalb die ganze Maſſe, oder auch gröſſere Teile davon ihren Ort merklich ändern. Ich will es Ihnen ganz augenſcheinlich darthun. Haben Sie noch nie ein Licht auf dem Tiſche ſtehen gehabt, während das man mit allen Kloken zum Wetter geläutet hat?

Obervogt. O ja, meine Frau zu Hauſe zündet allemal Licht unter dem Wetter an. *)

---

*) In Häuſern, worin etwas mehr als ein gemeiner Landmann wohnet, wird zimlich allgemein eine geweihte Kerze unter dem Wetter angezündet. Warum? Die Lichtſtralen

Pfarr. Sie werden es einräumen, das die Flamme äusserst beweglich, beweglicher als selbst die Luft ist?

Obervogt. Ja.

Pfarr. Sie geben es auch zu, das die Luft auf die Flamme, die in ihr schwebet, zu wirken fähig seie?

Ober-

sollen das Haus vor Schaden beschützen --- Woher dise Kraft? --- Von der Weihe nicht; denn des Wetters wird bei der Weihe nicht einmal gedacht. Von der Natur ist das Licht auch keine Blitz- oder Wetterscheuche. -- Also wird dem geweihten Ware eine Kraft gegeben, die sie nicht hat: der Schulz hieß dises Ding oben Aberglauben. --- Hieher gehöret auch der Gebrauch der Palmen, welche am Sonntage vor Ostern, und das Holz, welches am Ostersamstage geweihet wird: in Pfarreien, wo die Absicht der Weihung davon, die gar heilig ist, in Christenlehren erkläret worden, wissen es Kinder, das weder die Palmen, noch das Ostersamstagholz für die Gewitter bestimmet ist. --- --- In der Gegend um W.** in Schwaben sammeln die Leute Zweige von Bäumen, die am Fromleichnamstage auf die Gassen gestellet werden, um den Weg zu schmüken, worüber die Monstranze weggetragen worden, und steken sie an die vier Eken der Aeker mit der Uiberzeugung, das es nun nimmer hagle. Dise abergläubische Torheit würde ein eigenes Gespräch veranlasset haben, wenn sie allgemeiner wäre; aber zum Glüke ist sie sehr begränzt. Es mögen noch mancherlei Albernheiten von diser Art in einzelnen Gemeinden steken: dise können nur von den Pfarrern aufgesucht, und durch bescheidene Belehrungen weggeräumet werden: wozu jener wilde Unsinn gehöret, womit gewisse Leute sich der Ruthen bedienen, worin Pulver, Zedelein u. s. w. eingeleimet sind, und wider das Wetter schlagen, um daselbe rükgängig oder unschädlich zu machen u. s. w. ---

Obervogt. Auch dises; ein kleines Blasen, ein schnelles Vorbeigehen neben einem Kerzenlichte, die Oeffnung einer Türe, und so noch anderes wirket auf die Flamme, und sezet sie in Bewegung.

Pfarr. Vortrefflich. Wenn aber zum Wetter geläutet, mit allen Kloken zusammengeläutet worden war, haben Sie je an der Lichtflamme auch derlei Bewegungen bemerket?

Obervogt. Sovil ich mich erinnere, so bemerkte ich nie so eine Bewegung.

Pfarr. Nun sehen Sie: wenn die Wellen, welche beim Schalle der Kloken in der Luft entstehen, nicht einmal eine kleine, äusserst bewegliche Lichtflamme, die dem Geläute ganz nahe ist, in Bewegung sezen, oder sie vom Plaze treiben, was werden derlei Wellen auf die schweren Wolken, die noch dazu sehr ferne sind, — was werden sie auf dise vermögen?

Obervogt. — Hr. Pfarrer! Sie überführen mich: und ich erinnere mich jzt, das wir schon in unserer Naturlehre sagten, der Schall gehe durch die Luft, die mit Dünsten angefüllet ist, ohne die Dünste merklich vom Plaze zu treiben; eben so wie der Schall durch das Wasser gehet, ohne im Wasser die Wasserteile um sich her fortzuschaffen.

Pfarr. Nun gut: Sie sehen es also ein, das das Geläut ohne Nuzen, und kein Mittel gegen die Gewitter seie.

Ober=

Obervogt. Ja jzt: und ich verstehe jzt auch ganz deutlich, was Sie vorher damit sagen wollten: " Wenn man zeiget, daß Wetterläuten hätte keinen Nuzen; so seie die Schädlichkeit davon schon erwisen„, denn die Klugheit sagt es gar laut: " Nüzet eine Sache nichts, schadet aber gerne, so räumet sie auf " — das Läuten unterm Wetter nüzet nichts; das sieht man an der Flamme; wohl aber schadet es, wenn gählings der Donnerstral in den Turm schiesset, und die Läuter niderschlägt. — der Schulz dort horcht immer so zu, als wollte er alles auffassen.

Pfarr. Versteht ihr's, Schulz, was wir geredet haben?

Schulz. Ich habe wohl ein wenig verstanden; aber sie reden vil höher mit dem gestrengen Herrn, als mit mir, und so hab' ich's nicht recht zusammenbringen können.

Obervogt. Schaut, Schulz, ich wollte sagen, das das Läuten unterm Wetter nüzlich sein müsse, weil der Schall davon ein grosses Getöse in der Luft machet; denn so sollte es geschehen, wenn man recht zusammenläutet, das der Schall an die Wolken stosse, und dieselben auseinander jage.

Schulz. Ich mein's schier auch so, gestrenger Herr!

Pfarr. Was dünkt euch denn Schulz, das die Wolken seien?

Schulz. (Besann sich) — Hr. Pfarrer! dises glaube ich, können nur die studirten Leute wissen.

Pfarr. Wisset ihr, was ein Nebel ist?

Schulz. Ja, dises schon.

Pfarr. Wo hält sich denn der Nebel auf?

Schulz. Da auf der Erden um uns herum; mein Haus und mein Hof, und das ganze Dorf stekt allemal im Nebel, wenn Nebel ist.

Pfarr. Ihr habt recht: wie kömmt aber der Nebel wider weg?

Schulz. Sobald es regnet; oder wenn ihn die Sonne meistert, und in die Höhe zieht.

Pfarr. Nun seht, so wisset ihr ja, was Wolken sind: der Nebel steigt in die Höhe, und alsdenn heisst der Nebel nicht mehr Nebel; sondern er gestaltet Wolken.

Schulz. So wären die Wolken nichts anders, als Nebel in der Höhe.

Pfarr. Ja. — Höret izt ferner: Wie lange bleibt der Nebel gerne bei uns da, wenn ein Nebel ist?

Schulz. Oft den ganzen Tag, wenn's Herbst oder Winter ist vornehmlich.

Pfarr.

Pfarr. Recht. Man hat also schon oft zusammen geläutet in der Kirche, während das Nebel war?

Schulz. O ja! Ist manchmal schon eine Leiche gewesen, wo Nebel war, und wo mit allen Kloken geläutet ward.

Pfarr. Da muste wohl die Luft recht erschüttert worden sein, gerade so, wie beim Wetterläuten im Sommer.

Schulz. Freilich, eben so.

Pfarr. Ist wohl der Nebel gleich weggegangen, als man so stark geläutet hat?

Schulz. Dises weis ich nimmer; aber ich oder andere Leute hätten's schon längst merken müssen, wenn das Zusammenläuten den Nebel verjagte.

Pfarr. Ganz gewiß: und man würde schon manchmal den Nebel, da man seiner überdrüßig geworden, hinaus geläutet haben, wenn man davon eine Erfahrung hätte. — Wisset ihr noch, was die Wolken sind?

Schulz. Nebel in der Höhe.

Pfarr. Recht. Wenn im Turme geläutet wird, wo klingen euch die Ohren stärker — nahe dabei, oder weit davon?

Schulz. Nahe dabei.

Pfarr.

Pfarr. Die Luft mus also stärker erschüttert werden in der Nähe des Turmes, als ferne von ihm?

Schulz. Auf dise Weise schon.

Pfarr. Wenn aber der Klokenschall den Nebel, der um den Turm herum ist, nicht einmal vertreibt, wie soll's geschehen, das der Nebel in so weiter Ferne fliehe? —

Schulz. Ist wahr, Herr Pfarrer!

Obervogt. Diser lezte Beweis ist gar einleuchtend, Herr Pfarrer! und man wird davor ganz überzeugt, das das Klokengeläute gar nicht das rechte Verwahrungsmittel gegen die Gewitter seie.

Pfarr. Gewiß; und ausser den sogenannten Blizableitungen gibt es kein zuverläßiges Verwahrungsmittel dawider.

Obervogt. Eben recht, das Sie der Blizableitungen erwähnen; denn längst schon hätte ich gerne darüber Ihre Meinung gehört; aber heute will ich Ihnen keine Zeit mehr nehmen, ich behalte mir's vor, das ich Sie ein anderes Mal um Ihre Erläuterungen bitten darf.

(Hier unterbrach sich das Gespräch.)

Viertes Gespräch.

Zwischen dem Pfarrer und dem Beamten über die Nuzbarkeit der Blizableiter.

(Als der Hr. Pfarrer dem Hrn. Obervogte einen Besuch gemacht hatte, so sezten sie nach dem gegenseitigen Komplimente ihr Gespräch also fort:)

Obervogt. Neulich haben Sie, Herr Pfarrer, den Ton zu einer Unterredung von Blizableitern angestimmet, und Sie müssen mirs izt erlauben, das ich's dort anhebe, wo wirs lezthin gelassen haben.

Pfarr. Ganz gerne. Nur wünsche ich, das ich Fähigkeit genug besize, Ihr Vertrauen, das Sie diser Sache wegen in mich sezen, zu verdienen. — Es beliebe Ihnen, den Anfang zu machen.

Obervogt. Sagen Sie mir, Hr. Pfarrer! ist es denn so entschiden, das die Blizableiter gegen den Donnerstral Sicherung sind?

Pfarr. Man hat dafür so starke Gründe, das sie beruhigen.

Obervogt. Sie würden mir ein Gefallen thun, wenn Sie mir dises erweislich machten.

Pfarr. Ganz gerne. Sie geben es zu, wie ich neulich von Ihnen verstanden habe, das die Blizmaterie und das elektrische Feuer von einerlei Natur seien?

Pfarr. Sie werden also auch einräumen, daß die Wirkungen der Elektrizität, und jene eines Blizes, der auf ein Gebäude schiesst, oder herab auf die Erde fällt, von einerlei Art seien; denn einerlei Ursachen bringen einerlei Wirkungen hervor?

Obervogt. Ja, auch dises.

Pfarr. In der Theorie der Elektrizität ist es erwisen, das dise Materie das Eisen, und andere Metalle schon in weiter Ferne stark anziehen — desto stärker anziehen, je näher das Metall dem elektrischen Körper, oder diser jenem hinzugerüket wird.

Obervogt. Ich verstehe es.

Pfarr. Sie müssen daher zugeben, daß das Metall auch die Blizmaterie in grosser Ferne, und stark anziehe, je kleiner der Abstand zwischen dem Metalle, und der mit Blizmaterie angefüllten Wolke ist?

Obervogt. Nicht anders.

Pfarr. Nehmen wir nun eine Metallstange an, die auf einem Gebäude fest ist, und über seine höchste Teile hinausraget; sezen wir ferner, das sich eine Blizwolke in gewisser Entfernung über das Gebäude wegstreiche: nicht wahr, die Blizmaterie wird aus doppelter Ursache nach der hervorragenden Metallstange hingereizet werden — einmal, weil dise Materie vom Metalle stärker, als von der Mauer, und von den Ziegeln angezogen wird, und wider einmal, weil die Stange näher an der Wolke, als je ein anderer Teil des Gebäudes ist?

Obervogt. Difes läſt ſich aus dem Vergangenen gar wohl begreifen.

Pfarr. Noch einen Umſtand muſs ich bemerken. Es iſt in der Theorie der Elektrizität angenommen: Jeder Körper, der in die Wirkungsſphäre eines elektriſchen Körpers eintritt, empfängt eine Elektrizität, die jener des elektriſchen gerade entgegen iſt.

Obervogt. Difes iſt mir noch nicht deutlich genug.

Pfarr. Ich will mich erklären. Sie wiſſen ja, was poſitive, und was negative Elektrizität iſt?

Obervogt. Ja. Hat der Körper mehr elektriſche Materie in ſich, als er in ſeinem gewöhnlichen Zuſtande beſizt, ſo teilet man ihm die poſitive Elektrizität zu; hat er aber weniger Elektrizität, als ihm ſonſt in ſeinem natürlichen Zuſtande eigen iſt, ſo nennet man ihn negativ elektriſch.

Pfarr. Vollkommen recht. Nun ſehen Sie, das vorige Theorem ſagt ſovil: Tritt ein Körper, etwa eine Metallſtange, in die Wirkungsſphäre eines poſitiv elektriſchen Körpers ein, ſo erhält er die negative Elektrizität; im Gegenteile eine poſitive, wenn die Stange in die Wirkungsſphäre eines negativ elektriſchen Körpers kömmt.

Obervogt. Wenn ichs recht verſtehe, ſo müſte nach diſem Theoreme eine Metallſtange auf einem Gebäude ſeine Elektrizität verlieren, ſobald darüber eine poſitiv elektriſirte Wolke ſtände; und Eine empfangen, ſobald die Wolke negative elektriſch wäre.

Pfarr. Ja, so! — Izt noch einen Lehrsaz aus der Theorie der Elektrizität. Die elektrische Materie zieht alle Arten Körperteilchen mit grosser Macht an sich, welche immer wärt, wenn die Teile, worauf sie wirket, mehr ausgeladen sind *). Das ich mich mit einem Beispile erkläre: Die elektrische Materie zieht die Teile der Mauer so stark an, als die Teile des Metalles; aber je ausgeleerter, je negativer einer vor dem anderen ist, desto intenser strebt sie dahin.

Obervogt. Mithin müste die Blizmaterie aus neuem Grunde aus der Wolke in die Metallstange fahren, welche über ein Gebäude hervorraget, und wegen der Wirkungssphäre der positiven Wolke im negativen Zustande ist?

Pfarr. So ist's! — Sie werden auch difes ganz wohl einsehen: Weil die Metalle die Elektrizität schneller und leichter ableiten, als die übrigen Teile eines Gebäudes, so mus so eine Stange, von der wir geredet, geschwinder, als die übrigen Teile eines Gebäudes von ihrer natürlichen Elektrizität entbunden werden: mithin wird in allem Betracht die Blizmaterie, wenn sie gählings auf ein Gebäude stürzet, eher auf die Metallstange losfahren, als je auf einen anderen Teil.

Obervogt. Auf dife Weise wohl. Aber eben deshalb, Herr Pfarrer! will ich nie eine Blizstange auf meinem Hause haben!

C 4

---

*) Theorie der Elektrizität von J. Weber § IV. Seite 336. in den Schriften der Berlinischen Gesellschaft naturforschender Freunde. Vierter Band. 1783.

Pfarr. Und warum nicht?

Obervogt. Die Stánge, die über das Gebäude wegragt, zieht aus mancherlei Ursachen die Blizmaterie mit Macht an. Was hieraus anders, als Herbeilokung des Donnerstrals? Nein, disen Gast will ich nicht mit Gewalt daherziehen! —

Pfarr. Sie übereilen es, Hr. Obervogt! — Sie müssen doch einräumen, das kein Bliz von Ohngefähr aus den Wolken fällt; denn nichts ist ohne zureichenden Grund. Die Blizmaterie hängt mit der Wolke zusammen; diser Zusammenhang wird immer dauern, wenn nicht ein Reiz, ein Ziehen von Aussen hinzu kömmt, und den Zusammenhang überwindet.

Obervogt. Ich räume dises ein.

Pfarr. So lange also die Gebäude nicht in jener Lage mit den Donnerwolken sind, in welcher der Zusammenhang der Blizmaterie aufgehoben wird, so lange ist das Einschlagen unmöglich.

Obervogt. So wärs.

Pfarr. Geschieht aber so eine Annäherung der Wolke zum Gebäude, in welcher der angeführte Zusammenhang durch den gegenseitigen Reiz kann überwunden werden; so mus die Blizmaterie losgerissen, und dorthin beweget werden, woher der Reiz kömmt.

Obervogt. Nach den Gesezen der Bewegung nicht anders.

Pfarr.

Pfarr. Kömmt nun diſer Reiz vom Hauſe; wohin anders, als auf das Haus mus die Blizmaterie hingeführet werden; es mag alsdenn eine Blizſtange vorhanden ſein, oder nicht?

Obervogt. Sie haben ſchon recht; aber die Stange zieht ja in die Ferne, und raget noch über das Gebäude weg; mithin bleibt immer wahr, das diſe Stangen den Bliz mehr herziehen, als die leeren Gebäude.

Pfarr. Was das Hervorragen betrifft, ſo müſſen Sie bedenken, das die Par Schuhe, womit er über die höchſten Teile des Hauſes wegſieht, gar keine beträchtliche Annäherung haben, im Verhältniſſe mit der Entfernung einer Donnerwolke, die gewöhnlich mehrere tauſend Schuhe ferne iſt. Laſſen wirs aber als beträchtlich gelten, und geben wir auch zu, das um der Stange Willen der Reiz auf das Gebäude gröſſer werde: ſo müſſen wir dabei bemerken, das diſer Reiz auf andere Wege durch die Blizableitung ganz ſchadlos gemacht wird.

Obervogt. Wie ſo?

Pfarr. Zu erſt mus ich Sie an einen elektriſchen Verſuch erinnern, den Sie unlängſt auf meinem Zimmer geſehen haben. Wird ein kleines Häuslein aus Papire oben mit einer Spize verſehen, und, mit einem ableitenden Drate verbunden, ganz nahe an eine elektriſche Flaſche hinzugerüket; ſo wird die angehäufte elektriſche Materie immer von der nahen Spize eingeſauget, und ſo ſanft weggeſchafft, das nie eine Entladung mit einem Knalle erfolgt.

Obervogt. Dises habe ich gesehen, ich erinnere mich: nur alsdenn geschieht der Schlag, wenn Sie in die Stelle der Spize ein Kügelchen sezten.

Pfarr. Nicht anders. — Die Wirkungen der Blizmaterie und der Elektrizität sind einerlei, nicht wahr?

Obervogt. Ja.

Pfarr. Steht demnach eine spizig zugehende Stange, die mittels einer Ableitung unter die Erde geht, auf einem Hause, so wird auch dise Spize so sanft und stille die Blizmaterie in die Erde führen, ohne das ein Knall, ein Donnerschlag erfolge.

Obervogt. Nicht anders, so lange man raisonniret; aber die Erfahrung ist dawider!

Pfarr. Wie so?

Obervogt. Es fielen schon gar oft Donnerstralen auf die Blizableiter.

Pfarr. Dise Erfahrung läugne ich nicht; aber wider mein Raisonnement ist sie nicht; denn Sie müssen wissen, das ich von gewöhnlichen Fällen rede. Es kann geschehen, und geschieht zuweilen, das eine Donnerwolke so sehr geladen ist, das der Reiz, welcher zwischen der Stange und der Wolke herrschet, vermögend ist, eine grosse Quantität Blizmaterie auf einmal los zu reissen; und denn stürzt die Blizmaterie freilich im dichten Strome mit Knalle und Feuer hin auf die Stange; aber der Strom findet offene, freie

freie Bahn, und schiesst unschädlich hinab in den Schos der Erde.

Obervogt. Dises ist wohl schön gesagt; aber da schaudert mir aufs neue vor den Blizableitern.

Pfarr. Doch nicht im Ernste?

Obervogt. Im vollen Ernste. Wie leicht könnte es geschehen, das der Bliz den Weg verfehle, und hinein ins Gebäude stürze, oder doch neben zu des Nachbars Haus ergreife!

Pfarr. Dises ist wohl eitle Furcht. Sie müssen mir's jzt erlauben, das ich mit einer Vergleichung antworte. Nehmen wir an, das man neben unserm Donauflusse in einer gewissen Höhe vom Gestade weg Gräben öffne, und dieselben tief in das Ried hineinführe, damit, wenn das Wasser anschwillt, die Donau nicht aus ihrem Bette trette, sondern hibsch sanft ihren Uiberfluß durch die gegrabenen Kanäle hinaus in das Ried leite. Dürfte mans einem verzeihen, der aufriefe: „Nicht doch, das Wasser könnte leicht die Kanäle verfehlen, und da in meiner, oder des Nachbars Wise Schaden machen"?

Obervogt. (Lächelte) — Herr Pfarrer, die Beweise aus der Analogie sind nicht strenge.

Pfarr. Stark genug zur Beruhigung. Zu dem ist es ein Gesez der Bewegung. Die Bewegung der Materie mus nach jener Richtung erfolgen, nach welcher die gröste Kraft zilet. Nun aber zilt die gröste Kraft nach der Richtung des Blizableiters, wie wir vorher
vile

vile Gründe dafür angegeben: mithin muß die Bliz=
materie vom Blizfänger aufgefaſſet, und durch ſeine
Leitung zur Schadloshaltung des eigenen, und des
Nachbars Hauſes in die Erde fortgeſchaffet werden.

Obervogt. Kann's denn nicht geſchehen, das der
Blizſtral von der Leitung abſpringe, und in das Ge=
bäude eindringe?

Pfarr. Iſt die Blizableitung von guter Einrich=
tung, ſo iſt diſer Abſprung geradezu unmöglich; denn
wie die elektriſche Materie an einem Metalldrate unab=
änderlich fortläuft, wenn er recht angebracht iſt: ſo
ſtrömt auch die Blizmaterie unabänderlich an dem er=
griffenen Leiter fort; wenn die Blizableitung nicht man=
gelhaft, ſondern von guter Einrichtung iſt.

Obervogt. Wir kommen alſo jzt auf einen neuen
Gegenſtand, auf die Errichtung des Blizableiters —
Allein genug jzt mit dem Ernſthaften. Hr. Pfarrer!
Sie erlauben mir's, daß ich Sie ein anderes Mal um
Ihre Erläuterungen bitte; jzt unſern Spazirgang. —

Fünftes Geſpräch.

Zwiſchen dem Pfarrer und dem Beamten über die
Einrichtung der Blizableiter.

Obervogt. Nun, Herr Pfarrer! heute nehme ich
Sie beim Worte; und bitte Sie um Ihre Anleitung
zur guten Einrichtung der Blizableiter.

Pfarr.

Pfarr. Mir ist's süsse Freude, Herr Obervogt! wenn es ihnen gefällt, Sich mit mir über disen Gegenstand zu unterhalten. — Bei der Frage: „Wie soll die gute Einrichtung eines Blizableiters beschaffen sein?„ müssen drei Teile desselben in Erwägung kommen — der Fänger — die Ableitung — und die Ausleitung in die Erde.

Obervogt. Mich dünkt, das ich's verstehe: ein Blizableiter bestehet aus drei Teilen; denn ein Teil von ihm mus den Blizstral auffangen, einer ihn fortschaffen, und einer unter die Erde bringen.

Pfarr. Ja so!

Obervogt. Was sagen Sie vom Fänger des Blizes?

Pfarr. Der Fänger ist eine eiserne Stange, welche über den höchsten Teil des Hauses, an dem eine Ableitung angebracht ist, etwa vier Schuhe wegragt; die Spizen lasse ich aus Kupfer machen, und im Feuer vergolden. Alsdenn —

Obervogt. Erlauben Sie! — Das Hinausragen des Leiters über die höchsten Teile des Hauses verstehe ich; denn die Stange soll die Blizmaterie stärker reizen, als sie die übrigen Teile des Hauses reizen, und hiezu trägt die Annäherung zur Wolke durch das Hervorragen viles bei. Aber was will die Vergoldung an den Spizen?

Pfarr. Bei diser Frage mus ich Sie an das erinnern, was wir schon neulich von der Absicht der zugespizten Blizstangen gesagt haben. — Die Blizmaterie und das elektrische Flüssige sind der Natur nach einerlei, nicht wahr?

Obervogt. Freilich.

Pfarr. Es saugen aber die Spizen die elektrische Materie schon in weiten Abständen sehr gerne ein, und hinzugerukt zu einem elektrischen Körper entbinden sie ihn ganz stille und sanft von seiner Elektrizität: daher Unmöglichkeit einer starken Ladung in einer Verstärkungsflasche, wenn ihr eine ableitende Spize nahe ist.

Obervogt. Ich erinnere mich; das Experiment sah ich bei Ihnen.

Pfarr. Mus nun nicht eben diser Erfolg Statt haben, wenn eine zugespizte Blizstange der positiv geladenen Wolke nahe ist?

Obervogt. (Nikte Beifall zu.)

Pfarr. Beweis: Der scharf zugespizte Blizfänger saugt auch die Blizmaterie ganz sanft heraus aus der Blizwolke, und hindert dadurch immer die gar zu grosse Anhäufung in ihr. Die Spizen thun daher ihre guten Dienste. Der Rost, den das Eisen gerne annimmt, stumpfet sie: um also Rostung zu verwehren, lasse ich Kupferspizen an dem Fänger anmachen, und sie auf ein Par Zolle im Feuer vergolden.

Obervogt. Ist das Anmachen der Kupferspize an der Stange von Eisen so leicht?

Pfarr.

Pfarr. O ja, die Stange läuft in eine Schraube aus, die in die piramidenförmige Spize passet, und an ihr sich leicht anschraubet.

Obervogt. Soll die Stange mit einer, oder mit mehreren Spizen versehen sein?

Pfarr. Ich gebe der Auffangstange die Form eines Kreuzes, und mithin kriegt sie mehrere Spizen.

Obervogt. Wenn ich mich besinne, so sprachen Sie unlängst von einer neuen Schrift, die die Form der Blizfänger mit mehreren Spizen angefochten?

Pfarr. Sie haben recht. — Da hier steht sie: — — sie heisst: Beweis, das das Klokenläuten bei Gewittern mehr schädlich, als nüzlich seie. Von J. Nepomuk Fischer, ehmaligem Professor der Mathematik in Ingolstadt.

Obervogt. Stehen Sie dessen ungeachtet für die Mehrheit der Spizen?

Pfarr. Ja.

Obervogt. Sagen Sie mir doch die Gründe für die Einheit der Spizen, und Ihre Gegengründe.

Pfarr. Das will ich. — Lesen wir die Worte des Verfassers; — Seite 64. schreibt er: „Man hat wahrgenommen, das Gewitterstangen, welche eine emporstehende, und vier horizontale Spizen haben, an den fünf Spizen zugleich Flammen erbliken lassen. Sind nun die Flammen, welche man bei Gewittern an spizigen Körpern zu erbliken pflegt, ein Kennzeichen einer

stil-

ſtillen Ableitung, ſo beweiſen ſie auch, das ſich alle Spizen eines Ableiters zugleich an diſer Arbeit beſchäfftigen. Die ſtille Ableitung iſt aber von dem Blize in Beziehung auf den Ableiter nur an dem Grade der Stärke unterſchiden. Es ſcheinet alſo nicht unwahrſcheinlich, noch weniger unmöglich zu ſein, das ſich der Fall ergeben könnte, das mehrere Spizen zugleich, jede für ſich, einen Blizſtral heranlokten. Sezen wir nun diſen Fall; ſo könnte es geſchehen, das die Ableitungsſtange nicht fähig genug wäre, die Menge der eingeleiteten Materie ſo geſchwind unter den Erdboden zu bringen, das nicht das Uiberflüſſige zurük wirken, und traurige Austritte verurſachen würde. Diſes Entladen aber wird durch nichts ſo ſehr, als durch die Spizen befördert, und jederzeit mit unglüklichen Folgen verbunden u. ſ. w.„

Obervogt. Diſe Spekulation würde mich irre gemacht haben.

Pfarr. Die Feinheit kann man ihr nicht abſprechen; allein Uiberzeugung gewinnet ſie mir nicht ab.

Obervogt. Was haben Sie denn dagegen einzuwenden?

Pfarr. So manches: jzt nur das Leichtfaſſliche! — Die Vermutung des Hrn. Prof. Fiſchers beruht darauf: Es ſcheinet nicht unwahrſcheinlich, das ſich der Fall ergeben könne, das mehrere Spizen zugleich jede für ſich einen Blizſtral heranloken, und aus Mangel der ſchnellen Abführung wegen Zurükwirkung Schaden anrichten könnten. — Allein es ſcheinet mir höchſt unwahrſcheinlich, das ſich der Fall ergeben könne ne, wo mehrere Spizen zugleich jede für sich einen Blizstral heranlokten.

Obervogt. Und wie so?

Pfarr. Izt geht es schier in's Schulgerechte, wenn ich Ihrer Aufforderung gehorche: ich bitte um Gedulb.

Erstens vom Entstehen eines Donnerstrales. Dieser erfolget, sobald der Reiz der Blizmaterie gegen den Fänger so gros ist, das der Zusammenhang der Blizmaterie mit der Gewitterwolke gehoben, und auf einmal in grosser Quantität gegen die Stange gezogen wird.

Mehrere Blize können demnach nur alsdenn zugleich erfolgen, wenn mehrere grosse Quantitäten von Blizmaterie zugleich von dem Gewölke losgerissen, und durch die Spizen des Fängers angeloket werden.

Dise mehrere grosse Quantitäten auf einmal losgerissener Blizmaterie müsten aus einer und eben derselben Wolke herabgeführet werden.

Aber es ist mir höchst unwahrscheinlich, das eines oder das andere geschehe.

Denn nimmt man an: die mehreren grossen Quantitäten der Blizmaterie ergiessen sich aus mehreren verschidenen Wolken; so mus man nothwendig mehrere ganz nahe an einander ligende positive Wolken annehmen. Allein da sich die in der Luft schwebenden positiven Körper einander stossen. — da eine positive Wke die nahe stehenden Körper so gar in negativen Zustand sezen; wie beides aus der Theorie der Elektrizität erhellet; so ist höchst unwahrscheinlich, das jemals mehrere Spizen des Fängers, die wegen den weiten Abständen der Wolken noch dazu wie in Eine zusammenschwinden, aus mehreren Wolken mehrere Blize zugleich anloken.

Obervogt. Die Spizen müsten halt mehrere Blizstralen aus einer und eben derselben Wolke herausloken!

Pfarr. Auch diſes ist mir höchst unwahrscheinlich; denn in der Elektrizität, die alle Wirkungen mit der Blizmaterie gemein hat, haben wir nicht nur kein Beiſpil einer ähnlichen Erscheinung, sondern geradezu das Gegenteil. Aus einer Verstärkungsflasche, sie mag noch so zusammengeſezet, und noch so stark onerirt sein, laſſen sich durch mehrere in gleichen Abständen angenäherte Ableiter nie mehrere Explosionen zugleich erwirken, seien die Modifikationen der Handgriffe so verschiden, als sie wollen. — Und ist eine einzige groſſe Quantität aus der positiven Wolke herabgefahren auf den Fänger, so höret ja in dem Moment des Herabschleſſens der Grund auf, der das Losreiſſen einer groſſen Quantität beſtimmet! — Wer die Natur der elektrischen Explosion etwas tiefer ſtudirt hat, muſs das Unwahrscheinliche des Herabstürzens mehrerer Blizstralen aus einer Wolke zugleich tief fühlen.

Obervogt. Diſes ist mir auch eine feine Spekulation! — Wenn aber die vier oder fünf Spizen eines Blizfängers sind leuchtend gesehen worden; so muſs doch jede Spize die elektrische Materie reizen, und anziehen?

Pfarr. Zuverläſſig; aber diſes erweiſet die Wahr-
ſcheinlichkeit nicht vom Herabſchieſſen mehrerer Blizſtra-
len aus einer Wolke zugleich. Nähere ich einen mit
vllen Spizen verſehenen Leiter der elektriſchen Ladung;
ſo leuchten mehrere Spizen, und dennoch erfolget nur
ein Schlag, wenn durch die Annäherung der Reiz auf
das elektriſche Flüſſige ſo gros geworden, das es in
einer groſſen Quantität ausfahren, und eine Explosion
darſtellen kann! — Nemlich ſteht die Blizſtange mit
der Gewitterwolke ſo in einer Verbindung, das jene
ſich in der Wirkungsſphäre der Wolke befindet, ſo
wird ſie negativ; mithin herrſcht Reiz der Gewittermaterie gegen die Stange: iſt die Anhäufung der Gewittermaterie in der Wolke mäſſig, und mithin der Reiz
nicht ſtark genug eine groſſe Quantität zugleich aus
dem Zuſammenhange mit dem Gewölke zu ſezen: ſo
mag wohl lange das Herüberſtrömen der Blizmaterie
aus der Wolke in die Spizen fortdauern — und
Flämmchen an ihren Spizen erzeugen. Aber im Moment des Losreiſſens der Gewittermaterie in groſſer
Quantität (beim Erfolge des Blizſtrales) hört der
Grund von neuer Losreiſſung einer groſſen Quantität
zum Wenigſten auf eine Weile auf.

Es bleibt demnach in allem Betrachte höchſt unwahrſcheinlich, das ſich der Fall ergeben könne, das
mehrere Spizen zugleich jede für ſich einen Blizſtral her-
anlokte.

Sollte alſo eine gefährliche Gegenwirkung in
einer Blizſtange wegen je einem Hinderniſſe des Abfluſ-
ſes elektriſcher Materie, von der der Hr. Prof. Fiſcher
redet, Statt haben; ſo müſte diſe alsdenn erfolgen,
wenn Blizſtral auf Blizſtral, wie Moment auf Moment, folgte.

D 2

Allein auch davor erschrikt meine Seele nicht; denn, wie gesagt, im Moment, wo ein Bliz auf den Fänger fällt, ist er positiv geladen: da nun aus der Theorie der Elektrizität erhellet, daß sich die elektrischen Teile schon in grosser Ferne stossen, so ist der zweite Donnerschlag so lange unmöglich, als lange die Blizstange ihren positiven Zustand erhält, und nicht durch ihre Fortleitung geschikt wird, zum zweiten Male eine grosse Quantität von Blizmaterie loszureissen, und in sich aufzunehmen. Hat sie aber nach einer Welle dise Geschiklichkeit wider erhalten, so herrschet nur Ziehkraft; und die Gegenwirkung ist spekulativ.

(Hierauf ward eine Stille — — der Herr Obervogt nahm das Büchlein des Hrn. Prof. Fischers in die Hand, und sah sich so darin um.)

Obervogt. Haben Sie auch dise Stelle bemerket, Hr. Pfarrer? — Seite 65 heisst es! „Fast alle Beispile unglüklich getroffener Blizableiter bestätigen die Wahrheit diser Spekulation „ (des Hrn. Prof. Fischers Spekulation)

Pfarr. Ich habe sie gar wohl bemerket. Aber eben hier würde ich Hrn. Prof. Fischer sagen: „ Freund, damit behaupten Sie nach meinem Sinne einmal zu vil. „ Man mag es zugeben, das die Krumblegung einiger Blizfänger von einer unvollkommenen Ableitung herrühre; aber das der lezte Grund unglüklich getroffener Blizfänger in der Vilheit der Spizen lige, ist mir gar nicht erwisen. — Seite 64 wird der Grund der ganzen Spekulation des Hrn. Verfassers auf das „ Es scheinet nicht unwahrscheinlich „, gebauet, und hier weiter unten wird ein bestimmter Erfolg mit Zuversicht davon hergeleitet. Difes kann bei anderen ein Gewicht haben, bei mir hat es niemals eines. Man weis Beispile (ich erinnere mich sie gelesen zu haben), das Fänger von einer einzigen Spize sind vom Donnerstrale umgekrümet worden. Der Grund diser Erscheinung mus demnach immer ein anderer sein, als jener ist, der von der Mehrheit der Spizen genommen wird.

Obervogt. Jzt nicht mehr spekuliren! — Ich weis nun das Wesentliche von der Einrichtung des Blizfängers: er ist von Eisen, hat die Gestalt eines Kreuzes, läuft in kupferne, und im Feuer vergoldete Spizen aus, und ragt etwa vier Schuhe über die höchsten Teile des Hauses weg.

Pfarr. Ja so.

Obervogt. Wir kommen nun zur Ableitung.

Pfarr. Ja, Das Wesentliche davon besteht darin, das eine Metallstreife an dem Fänger sehr passend angemacht, und in einer ununterbrochenen Fortsezung bis in die Erde geleitet werde.

Obervogt. Eine Kette wäre nicht dienlich?

Pfarr. Nein; denn bei jedem Ringe müste sich der elektrische Strom durchbringen, und würde deshalb wegen seiner Verdichtung Zerstörung der Kette bewirken.

Obervogt. Von welcher Beschaffenheit, Dike und Breite würden Sie die Metallstreife anrichten?

Pfarr.

Pfarr. An Türmern, Schlössern, und anderen hohen Gebäuden liesse ich eine Schine von Eisen, einen und einen halben Zoll breit, und einen Achtelzoll dik statt der Leitung herabführen.

Obervogt. Sie ziehen also eine Schine der eigentlichen Stange vor?

Pfarr. Nicht anders; denn die Versuche bei der Elektrizität lehren, das die Anhäufung in den leitenden Körpern im Verhältnisse der Oberflächen) und nicht der Masse geschehe: die Blizmaterie wird daher immer leichter und schneller über eine breite Streife weggeleitet, als über eine Stange von nemlicher Masse.

Obervogt. Aber wie läst sich so eine lange Schine, wie ein Turm ist, ununterbrochen erhalten?

Pfarr. Sie wird aus mehreren, etwa 8 Schuhe langen Stüken genauest zusammengefüget: die Ende werden auf vier Zolle zugefeilt, damit sie über einander gelegt genau an einander schliessen: dazwischen wird eine Bleistreife angebracht; alsdenn werden sie mit zwei Schrauben, derer jede auf einer anderen Seite angebracht wird, fest aneinander geschlossen. Also ist die Ableitung, welche unter der Aufsicht eines Professors in Dilingen zu Pfaffenhausen am neuen Turme im August des vorigen Jahrs gemacht worden, in der Hauptsache eingerichtet. —

Obervogt. Aber dise Einrichtung ist doch ziemlich kostspilig?

Pfarr.

Pfarr. Nicht so sehr — und schüzet sie nach langer Reihe von Jahren nur einmal das Gebäude, und eine kleine Gegend umher, von Verheerung, welche Vergütung dises Unkostens! — Indessen ist die Blizleitung an einem kleinen Hause mit gar geringem Aufwande zu bestreiten.

Obervogt. Auf welche Wege?

Pfarr. Zwei Dräte in der Dike eines Federkiels über einander gewunden, oben an der Windfahne, wenn sie über den höchsten Teil des Hauses hinausraget, festgemacht, und schiklich am Hause herabgeführt, geben eine gute Blizleitung.

Obervogt. Aber ist so eine dünne Leitung geschikt, den Blizstrom zu fassen, und ungehindert fortzuleiten?

Pfarr. Ich vermute es. — Wenn nur die Ausleitung in die Erde wohl veranstaltet ist: denn der Blizstral fährt mit einer Schnelligkeit, die alle Vorstellung übertrifft: es ist daher die Zeit, worin er auf das Metall wirket, vil zu kurz, als das eine Schmelzung erfolgen könnte. — Erfolgte aber in einem ausserordentlichen Falle eine Abschmelzung des Drates, so hatte er doch seine gute Dienste gethan, indem von ihm der Blizstral aufgefasset, und unter die Erde gebracht worden war. Dafür liesse sich ja wider ein anderer Drat anmachen. —

Obervogt. Die Herableitung wird ja auch an dem Gebäude angemacht?

Pfarr.

Pfarr. Freilich: Klammern aus Eisen halten die Schine in einem Abstande von vier Zollen an der Mauer oder am Holze fest. — Es sind noch manche andere kleine Umstände zu erwägen, die es notwendig machen, bei der Einrichtung der Blizleitungen, Leute zu Hilfe zu ziehen, die mit der Natur des Blizes u. d. gl. wohl bekannt sind.

Obervogt. Hat die Ausleitung in die Erde auch vil auf sich?

Pfarr. Gar sehr vil; denn grossen Teils hängt von ihr die Vollkommenheit der Blizleiter ab. — Die Einrichtung von jener Art, welche der Blizmaterie die allerschnelleste Verbreitung in die Erde verschaffet, ist die beste.

Obervogt. Man führet ja die Ableitungsschine deshalb in die Wässer?

Pfarr. Ja, weil das Wasser die Blizmaterie verbreitet, und in die Erde ausleitet. Indessen kann selbst die Form der Einleitung sehr vorteilhaft eingerichtet werden. Die Einleitung zu Pfaffenhausen verliert sich in sehr vile Spizen, die noch durch einen besonderen, starken, eisernen, und mit Zinn überzogenen Drat mit einer Quelle in Verbindung stehet. — Auch Hr. Prof. Fischer gibt der Ausleitungsstange eine besondere Gestalt: Wir wollen die Stelle, wo er sie beschreibt, lesen, wenn es Ihnen gefällt! — Seite 69 schreibt er: „Spizen also sind es, was den Uibergang des Blizstoffes in die Erde, oder in ein Wasser vorzüglich befördert. Derohalben gebe man der Gewitterstange unter der Erde mehrere Zweige, welche sich ins-

insgesammt in scharfe Spizen endigen. Namentlich rathe ich, die Einrichtung also zu treffen, daß sich die Gewitterstange anfänglich in zwei oder drei Aeste teile, derer Durchschnitte zusammen soviel betragen, als der Durchschnitt des Hauptstammes. Jeder diser Aeste soll sich wider in zwei oder drei neue also teilen, daß die Summe ihrer Durchschnitte dem Durchschnitte des Astes, von dem sie entspringen, gleich seie, u. s. f., bis endlich die lezten Zweige, welche aus disen Aesten und Nebenästen entspringen, in scharfen Spizen sich endigen. Auf solche Art wird ohne kostspilige Verschwendung des Metalles sowohl ein gleicher Inhalt des Ableiters beibehalten, als auch die verlangte Absicht der geschwindesten Entladung erzilet werden. „

(Hier ward die Unterredung unterbrochen.)

Sextes Gespräch

Zwischen dem Pfarrer und dem Schulze über die Blizableiter.

(An einem Sonntage nach der Vesperzeit kam Schulz zum Pfarrer, und ließ sich's ansehen, das er etwas auf'm Herzen habe.)

Pfarr. Kann ich euch helfen, Schulz! oder rathen, oder sonst auch dienlich sein?

Schulz. Freilich, Hr. Pfarrer! — Sie sind halt mit uns schlechten Leuten gar so gemein, und lehren uns alles gar so freundlich und geduldig; und deshalb getraue ich mir halt zu Ihnen zu kommen, wenn ich einen Anstand habe.

Pfarr.

Pfarr. Dises macht mir recht Freude, Schulz! daß ihr mir euer Vertrauen schenket: Sagt mir's also, was ist denn euer Anstand?

Schulz. Herr Pfarrer! man sagt im Dorf herum, das man eine Stange will auf unsern Kirchturm sezen, der den Bliz wegziehen soll; Wetterbegel, und Wetterleiter heissen's die Leute.

Pfarr. Dises wäre gar recht, und gar gut.

Schulz. Recht und gut!

Pfarr. Was anders! Schaut, wenn man eine eiserne Stange auf den Turm sezet, und damit eine eiserne Schine verknüpfet, die herab am Turme bis unter die Erde geht, so fährt der Blizstral, wenn gählings einer herabfällt, von der Donnerwolke, nicht mehr in den Turm, oder in die Kirche hinein, sondern blösch an der eisenen Schine herab in die Erde, und thut gar keinen Schaden.

Schulz. Ei, Herr Pfarrer! wär's möglich!

(Hier nahm der Pfarrer den Schulz bei der Hand, und führte ihn in ein Nebenzimmer, wo ein elektrisches Geräth stand: da wies ihm der Pfarrer durch Experimente, das der Bliz und das Feuer an der Maschine von einerlei Natur seie: er zeigte ihm ein Kirchlein aus Papir, das mit einem Blizleiter versehen war; er lies darauf einschlagen, und da war der Schlag unschädlich: alsdenn nahm er den Blizleiter weg, und lies wider einschlagen; und da zerplazte

plazte das Kirchlein, und brannte in helles Feuer auf.
— Da stand Schulz, wie Stein, voll des Erstaunens.

Schulz. Sind das wunderliche, schöne Sachen, Herr Pfarrer! — Wie weit doch die Studi geht! habe mein Lebtag nichts so gesehen. Izt glaube ich's gar leicht, das die Wetterleiter ein gutes Ding sind! — Aber, Herr Pfarrer, ob's auch recht ist, wenn man so eine Stange hinauf macht auf die Häuser?

Pfarr. Warum soll es denn unrecht sein?

Schulz. Ha! ich meine halt, wenn unser Herr Gott strafen will, so sollen sich die Menschen nicht wehren!

Pfarr. (Lachte laut) — Ihr meint also, Schulz, das sich die Menschen gegen Gott wehren, wenn sie Blizstangen auf die Häuser machen, damit der Blizstral nicht mehr in die Häuser hinein, sondern daneben an einer Stange unschädlich hinabfahre?

Schulz. Ist's denn anders?

Pfarr. Seit ihr, oder jemand von den Eurigen noch nie krank gewesen?

Schulz. O ja; vor 6 Jahren hatte ich ein langes, langes Fieber.

Pfarr. Meinet ihr, das Gott auch etwas gewusst hat um euer Fieber?

Schulz. (Lächelte) Was denn! es kann uns nichts geschehen, auser, Gott weis davon.

Pfarr. Es hat euch also Gott so lange krank seyn lassen?

Schulz. Freilich ja.

Pfarr. Habt ihr auch etwas eingenommen gegen das Fieber?

Schulz. Gar vieles, Herr Pfarrer. Mein Weib — —

Pfarr. Ei Schulz, ihr seit kek gewesen, daß ihr etwas gegen das Fieber eingenommen habt!

Schulz. (Riß die Augen weit auf) Warum, Herr Pfarrer?

Pfarr. So! Darf man sich wehren gegen Gott?

Schulz. (Dachte nach) Ah! Herr Pfarrer, ich verstehe Sie! — Aber Krankheit ist doch was anders, als Donnerstral.

Pfarr. Höret, Schulz! — Wenn itzt durch unser Dorf da ein Bach ränne, und der Bach trätte bei jedem starken Regen so stark aus, das das Wasser in unsere Stuben, und in die Ställe liefe: und da käme einer, und sagte: „Leute, schaut, ihr könnt euch ja helfen, wenn ihr da draussen vorm Dorf Gräben schlaget, das Bett des Baches weiter und geräumiger machet, und alsdenn in eurem Dorfe einen kleinen Damm bauet: „ dürften wir wohl ohne Sünde seinem Rathe folgen?

Schulz.

Schulz. Freilich ja.

Pfarr. Schulz! ihr wisset doch auch, welche die vier Elemente sind?

Schulz. Ja, das Wasser, das Feuer, die Luft, und die Erde sind die vier Elemente. Aber, Hr. Pfarrer! was wollen Sie doch mit dem?

Pfarr. Feuer und Wasser wären demnach, eines wie das andere, Elemente?

Schulz. Ja doch.

Pfarr. Und ihr habt Bedenken, euch gegen das Feuer, das von den Donnerwolken kömmt, zu schützen, da ihr ohne Skrupel euch wider Wasserschaden schützet?

Schulz. (Besann sich.)

Pfarr. Schaut doch, Schulz! Feuer in den Wolken ist Element, wie das Wasser auf Erden. Ist's nicht Sünde; sondern wohl gar recht, daß wir Kanäle graben, und durch sie den Schaden des Wassers ableiten; warum soll es mehr auf sich haben, wenn wir für das Blitzfeuer einen Kanal von Eisen machen, und seinen Schaden ableiten?

Schulz. (Immer nachdenkend.)

Pfarr. Mein Schulz! es ist Pflicht für uns, daß wir unser Leben, so gut wirs können, erhalten, und uns gegen alles, was es uns kürzen könnte, mit

Fleis

Flets verwahren. Wenn wir aber nichts droben haben auf unsern Häusern, was den Bliz ableitet, wie gefährlich wird dises Ding unserm Leben, wenn es gählings herabstürzt auf uns? — Nein, Gott hat kein Misfallen an den Wetterstangen, vilmehr hat er Freude, daß die Menschen, die er schier den Engeln gleich gemacht hat, ihren Verstand so brav bearbeiten, daß sie die Natur, und die göttlichen Eigenschaften in ihr besser kennen lernen!

Schulz. Ist's so?

Pfarr. Nicht anders. Und schaut, Schulz! die Obrigkeiten lassen allmälich aller Orte an vornehmeren Gebäuden Blizableitungen anlegen: meinet ihr denn, alle dise — die Bischöfe und die Fürsten, werden damit wider Gott Sünde thun? — Der Herr Obervogt und ich werden selbst unsre Häuser mit Blizleitern versehen lassen, damit wir alsdenn nur recht in Herzensruhe die Pracht und Majestät eines Donnergewitters betrachten, und mit noch freudigerem Herzen unsern mächtigen Schöpfer darin anbethen können.

Schulz. Ja wohl! — Herr Pfarrer, auf dise Weise möchte ich selber gern eine Wetterstange auf meinem Hause haben; aber so etwas wird halt theuer sein?

Pfarr. Nicht so sehr; — besonders wenn ihr den Wetterleiter selbst bauet.

Schulz. Ich selbst? — Ist er denn so leicht zu machen, daß ich's selbst könnte?

Pfarr. Was denn? Schaut, da nehmet ihr eine Stange, oder eine junge Tanne, die über euer Haus und euern Stadel zimlich hinaus sieht; auf den Gipfel hinauf machet ihr eine eiserne Stange, die zwei Schuhe lang, finderdike, und wohl zugespizt ist; an diser Stange windet ihr einen starken Drat, der um vier Schuhe länger als die Stange, und einige Male an dem Holze herab mit Nägeln befestiget ist: alsdenn sezet ihr dise Tanne einige Schuhe tief fest in die Erde ein, so das sie neben hin so zwischen eurem Stadel und eurem Hause zu stehen kömmt; hierauf grabet ihr den Drat, der am Holze herabhängt, und länger, als der Baum ist, unter die Erde; um das Ende dises Drates windet ihr noch sex kleinere zugespizte, und zwei Schuhe lange, feinere Dräte; breitet sie nach der Lage eurer Finger, wann ihr sie ausstreket, neben einander aus, und werfet die Erde wider zu: damit ist die Blizleitung fertig. *)

Schulz.

---

*) Herr Prof. Fischer schlägt Tannenbäume vor, die mit eisenen Ringen von acht zu acht Fuß, und unten mit einer Einleitung in die Erde versehen sind. --- Grüne warende Tannenbäume, die neben die Häuser gesezet, über dieselben wohl hinaus ragen, sind natürliche Ableiter. Die Spizen der Tannennadeln sind unzählige Mündungen, welche die Blizmaterie einsaugen. Der Stamm ist die Ableitung, und die Wurzeln, die in unzählige Aeste, und Fasern, und dise in die feinsten Spizen auslaufen, sind die Ausleitung in die Erde. Würde so ein lebendiger Baum neben einem kleinen Hause stehen, oben mit einer kleinen Krone seiner Aeste, und einer Auffangsstange von Eisen versehen; alsdenn von diser der Drat herabgeführt, so würde die Ableitung von ewiger Dauer sein.

— — — — — Herr Pfarrer, was dises? — Noch
— — — — — — auf ein solcher Blitzleiter hinten in
— — — — — — in das Haus und Stadel hineinkomm

— — — — — Laßt mich doch gut laßen, wenn der Hr.
— — — — — — der Pfarrer, und ihr der Schulz
— — — — — — — — — Hauptleute haben; was
— — — — — — das es auch bald alle Bauern nachthun
— — — —

— Das Gespräch nähmt hier sein Ende. — Der
Hr. Pfarrer wird wol nicht überzeugt sein, das die
— — — — — — — — — — — — — , sonst würde er
— — — — — — Sonn- und — — — unterrichtet haben.
— Die — — — — — — — auf der Weide wird
— — — — — Und wäre auch ein Dialog von der
— — — — — — — — — — Blitzrute da stehen :
wo — es scheint die — — — Blitzrute über eine
— — — — — — — — — — noch üblich ist,
— — — — — — — — — — — — — treffen. Ek
— — — — — — — , der der Dorfpfarrer in
— — — — — — — , auf freiem Felde an
— — — — — — — — in das Bett die zu weit entfernet
— — — — — — — — — — — — — — in einem
— — — — — — — — — — eine Zeit oder ein Ge-
— — — — — um das Bett — einer Ferne von der
— — — — — — — — Nach der Bitter, so wird das
— — — — — — — — und in — — Gefahr gesetzet. —

Pfarr. Freilich: Klammern aus Eisen halten die Schine in einem Abstande von vier Zollen an der Mauer oder am Holze fest. — Es sind noch manche andere kleine Umstände zu erwägen, die es notwendig machen, bei der Einrichtung der Blizleitungen, Leute zu Hilfe zu ziehen, die mit der Natur des Blizes u. d. gl. wohl bekannt sind.

Obervogt. Hat die Ausleitung in die Erde auch vil auf sich?

Pfarr. Gar sehr vil; denn grossen Teils hängt von ihr die Vollkommenheit der Blizleiter ab. — Die Einrichtung von jener Art, welche der Blizmaterie die allerschnelleste Verbreitung in die Erde verschaffet, ist die beste.

Obervogt. Man führet ja die Ableitungsschine deshalb in die Wässer?

Pfarr. Ja, weil das Wasser die Blizmaterie verbreitet, und in die Erde ausleitet. Indessen kann selbst die Form der Einleitung sehr vorteilhaft eingerichtet werden. Die Einleitung zu Pfaffenhausen verliert sich in sehr vile Spizen, die noch durch einen besonderen, starken, eisenen, und mit Zinn überzogenen Drat mit einer Quelle in Verbindung stehet. — Auch Hr. Prof. Fischer gibt der Ausleitungsstange eine besondere Gestalt: Wir wollen die Stelle, wo er sie beschreibt, lesen, wenn es Ihnen gefällt! — Seite 69 schreibt er: „Spizen also sind es, was den Uibergang des Blizstoffes in die Erde, oder in ein Wasser vorzüglich befördert. Derohalben gebe man der Gewitterstange unter der Erde mehrere Zweige, welche sich

ins-

insgesammt in scharfe Spizen endigen. Namentlich rathe ich, die Einrichtung also zu treffen, das sich die Gewitterstange anfänglich in zwei oder drei Aeste telle, derer Durchschnitte zusammen sovil betragen, als der Durchschnitt des Hauptstammes. Jeder diser Aeste soll sich wider in zwei oder drei neue also teilen, das die Summe ihrer Durchschnitte dem Durchschnitte des Astes, von dem sie entspringen, gleich seie, u. s. f., bis endlich die lezten Zweige, welche aus disen Aesten und Nebenästen entspringen, in scharfen Spizen sich endigen. Auf solche Art wird ohne kostspilige Verschwendung des Metalles sowohl ein gleicher Inhalt des Ableiters beibehalten, als auch die verlangte Absicht der geschwindesten Entladung erzilet werden. „

(Hier ward die Unterredung unterbrochen.)

Sextes Gespräch

Zwischen dem Pfarrer und dem Schulze über die Blizableiter.

(An einem Sonntage nach der Vesperzeit kam Schulz zum Pfarrer, und ließ sich's ansehen, das er etwas auf'm Herzen habe.)

Pfarr. Kann ich euch helfen, Schulz! oder raten, oder sonst auch dienlich sein?

Schulz. Freilich, Hr. Pfarrer! — Sie sind halt mit uns schlechten Leuten gar so gemein, und lehren uns alles gar so freundlich und geduldig; und deshalb getraue ich mir halt zu Ihnen zu kommen, wenn ich einen Anstand habe.

Pfarr. Difes macht mir recht Freude, Schulz! daß ihr mir euer Vertrauen schenket: Sagt mir's also, was ist denn euer Anstand?

Schulz. Herr Pfarrer! man sagt im Dorf herum, daß man eine Stange will auf unsern Kirchturm sezen, der den Bliz wegziehen soll; Wettarbegel, und Wetterleiter heissen's die Leute.

Pfarr. Difes wäre gar recht, und gar gut.

Schulz. Recht und gut!

Pfarr. Was anders! Schaut, wenn man eine eisene Stange auf den Turm sezet, und damit eine eisene Schine verknüpfet, die herab am Turme bis unter die Erde geht, so fährt der Blizstral, wenn gählings einer herabfällt, von der Donnerwolke, nicht mehr in den Turm, oder in die Kirche hinein, sondern hübsch an der eisenen Schine herab in die Erde, und thut gar keinen Schaden.

Schulz. Ei, Herr Pfarrer! wär's möglich!

(Hier nahm der Pfarrer den Schulz bei der Hand, und führte ihn in ein Nebenzimmer, wo ein elektrisches Geräth stand: da wies ihm der Pfarrer durch Experimente, daß der Bliz und das Feuer an der Maschine von einerlei Natur seie: er zeigte ihm ein Kirchlein aus Papir, das mit einem Blizleiter versehen war; er lies darauf einschlagen, und da war der Schlag unschädlich: alsdenn nahm er den Blizleiter weg, und lies wider einschlagen; und da zerplazte

plazte das Kirchlein, und brannte in helles Feuer auf.
— Da stand Schulz, wie Stein, voll des Erstaunens.

Schulz. Sind das wunderliche, schöne Sachen, Herr Pfarrer! — Wie weit doch die Studi geht! habe mein Lebtag nichts so gesehen. Jzt glaube ich's gar leicht, das die Wetterleiter ein gutes Ding sind! — Aber, Herr Pfarrer, ob's auch recht ist, wenn man so eine Stange hinauf macht auf die Häuser?

Pfarr. Warum soll es denn unrecht sein?

Schulz. Ha! ich meine halt, wenn unser Herr Gott strafen will, so sollen sich die Menschen nicht wehren!

Pfarr. (Lachte laut) — Ihr meint also, Schulz, das sich die Menschen gegen Gott wehren, wenn sie Blizstangen auf die Häuser machen, damit der Blizstral nicht mehr in die Häuser hinein, sondern daneben an einer Stange unschädlich hinabfahre?

Schulz. Ist's denn anders?

Pfarr. Seit ihr, oder jemand von den Eurigen noch nie krank gewesen?

Schulz. O ja; vor 6 Jahren hatte ich ein langes, langes Fieber.

Pfarr. Meinet ihr, das Gott auch etwas gewusst hat um euer Fieber?

Schulz. (Lächelte) Was denn! es kann uns nichts geschehen, ausser, Gott weis davon.

Pfarr. Es hat euch also Gott so lange krank seyn lassen?

Schulz. Freilich ja.

Pfarr. Habt ihr auch etwas eingenommen gegen das Fieber?

Schulz. Gar vieles, Herr Pfarrer. Mein Weib — —

Pfarr. Ei Schulz, ihr seit kek gewesen, daß ihr etwas gegen das Fieber eingenommen habt!

Schulz. (Riß die Augen weit auf) Warum, Herr Pfarrer?

Pfarr. So! Darf man sich wehren gegen Gott?

Schulz. (Dachte nach) Ah! Herr Pfarrer, ich verstehe Sie! — Aber Krankheit ist doch was anders, als Donnerstral.

Pfarr. Höret, Schulz! — Wenn jzt durch unser Dorf da ein Bach ränne, und der Bach trätte bei jedem starken Regen so stark aus, daß das Wasser in unsere Stuben, und in die Ställe liefe: und da käme einer, und sagte: „ Leute, schaut, ihr könnt euch ja helfen, wenn ihr da draussen vorm Dorf Gräben schlaget, das Bett des Baches weiter und geräumiger machet, und alsdenn in eurem Dorfe einen kleinen Damm bauet: „ dürften wir wohl ohne Sünde seinem Rathe folgen?

Schulz.

Schulz. Freilich ja.

Pfarr. Schulz! ihr wisset doch auch, welche die vier Elemente sind?

Schulz. Ja, das Wasser, das Feuer, die Luft, und die Erde sind die vier Elemente. Aber, Hr. Pfarrer! was wollen Sie doch mit dem?

Pfarr. Feuer und Wasser wären demnach, eines wie das andere, Elemente?

Schulz. Ja doch.

Pfarr. Und ihr habt Bedenken, euch gegen das Feuer, das von den Donnerwolken kömmt, zu schützen, da ihr ohne Skrupel euch wider Wasserschaden schützet?

Schulz. (Besann sich.)

Pfarr. Schaut doch, Schulz! Feuer in den Wolken ist Element, wie das Wasser auf Erden. Ist's nicht Sünde; sondern wohl gar recht, daß wir Kanäle graben, und durch sie den Schaden des Wassers ableiten; warum soll es mehr auf sich haben, wenn wir für das Blitzfeuer einen Kanal von Eisen machen, und seinen Schaden ableiten?

Schulz. (Immer nachdenkend.)

Pfarr. Mein Schulz! es ist Pflicht für uns, daß wir unser Leben, so gut wirs können, erhalten, und uns gegen alles, was es uns kürzen könnte, mit
Fleis

Fleis verwahren. Wenn wir aber nichts droben haben auf unsern Häusern, was den Bliz ableitet, wie gefährlich wird difes Ding unserm Leben, wenn es gählings herabstürzt auf uns? — Nein, Gott hat kein Misfallen an den Wetterstangen, vilmehr hat er Freude, das die Menschen, die er schier den Engeln gleich gemacht hat, ihren Verstand so brav bearbeiten, das sie die Natur, und die göttlichen Eigenschaften in ihr besser kennen lernen!

Schulz. Ist's so?

Pfarr. Nicht anders. Und schaut, Schulz! die Obrigkeiten lassen allmälich aller Orte an vornehmeren Gebäuden Blizableitungen anlegen: meinet ihr denn, alle dise — die Bischöfe und die Fürsten, werden damit wider Gott Sünde thun? — Der Herr Obervogt und ich werden selbst unsre Häuser mit Blizleitern versehen lassen, damit wir alsdenn nur recht in Herzensruhe die Pracht und Majestät eines Donnergewitters betrachten, und mit noch freudigerem Herzen unsern mächtigen Schöpfer darin anbethen können.

Schulz. Ja wohl! — Herr Pfarrer, auf dise Weise möchte ich selber gern eine Wetterstange auf meinem Hause haben; aber so etwas wird halt theuer sein?

Pfarr. Nicht so sehr; — besonders wenn ihr den Wetterleiter selbst bauet.

Schulz. Ich selbst? — Ist er denn so leicht zu machen, das ich's selbst könnte?

Pfarr.

Pfarr. Was denn? Schaut, da nehmet ihr eine Stange, oder eine junge Tanne, die über euer Haus und euern Stadel zimlich hinaus sieht; auf den Gipfel hinauf machet ihr eine eiserne Stange, die zwei Schuhe lang, finderdike, und wohl zugespizt ist; an diser Stange windet ihr einen starken Drat, der um vier Schuhe länger als die Stange, und einige Male an dem Holze herab mit Nägeln befestiget ist: alsdenn sezet ihr dise Tanne einige Schuhe tief fest in die Erde ein, so das sie neben hin so zwischen eurem Stadel und eurem Hause zu stehen kömmt; hierauf grabet ihr den Drat, der am Holze herabhängt, und länger, als der Baum ist, unter die Erde; um das Ende dises Drates windet ihr noch sex kleinere zugespizte, und zwei Schuhe lange, feinere Dräte; breitet sie nach der Lage eurer Finger, wenn ihr sie ausstreket, neben einander aus, und werfet die Erde wider zu: damit ist die Blizleitung fertig. *)

Schulz.

*) Herr Prof. Fischer schlägt Tannenbäume vor, die mit eisenen Ringen von acht zu acht Fus, und unten mit einer Einleitung in die Erde versehen sind. --- Grüne warende Tannenbäume, die neben die Häuser gesezet, über dieselben wohl hinaus ragen, sind natürliche Ableiter. Die Spizen der Tannennadeln sind unzählige Mündungen, welche die Blizmaterie einsaugen. Der Stamm ist die Ableitung, und die Wurzeln, die in unzählige Aeste, und Fasern, und dise in die feinsten Spizen auslaufen, sind die Ausleitung in die Erde. Würde so ein lebendiger Baum neben einem kleinen Hause stehen, oben mit einer kleinen Krone seiner Aeste, und einer Auffangsstange von Eisen versehen; alsdenn von diser der Drat herabgeführt, so würde die Ableitung von ewiger Dauer sein.

Schulz. El, Herr Pfarrer, nur bifes? — Noch bifen Frühling mus ein solcher Blizleiter hinten in meinem Garten so neben Haus und Stadel hineinkommen.

Pfarr. Nun bises wird gut lassen, wenn der Hr. Obervogt, und ich — der Pfarrer, und ihr der Schulz — die Ersten im Dorfe, Blizableiter haben; was wette ich, das es uns bald alle Bauern nachthun werden?

— Das Gespräch nahm hier sein Ende. — Der Herr Pfarrer muste noch nicht überzeugt sein, das die Blizstangen auch den Hagel ableiten, sonst würde er vermutlich den Schulz auch hievon unterrichtet haben. — Das Austreiben des Viehes auf die Weide wird täglich seltener; sonst würde auch ein Dialog von der Sicherheit des Viehes vorm Blizstrale da stehen: denn es ist bekannt, wie gerne ein Blizstral über eine Heerde fällt. — Wo das Austreiben noch üblich ist, mag der Landmann folgende Veranstaltung treffen. Eine Blizleitung von jener Art, die der Dorfpfarrer im lezten Gespräche angegeben, wird auf freiem Felde an einem Orte, wovon sich das Vieh nie zu weit entfernen mus, angelegt, um die Blizableitung herum in einem Abstande von sex Schuhen wird ein Zaun oder ein Geländer gemacht, um das Vieh in einer Ferne von der Stange zu halten. — Nahet ein Wetter, so wird das Vieh dahin getriben, und so auffer Gefahre gesezet. —